大阪大学総合学術博物館叢書◆6

東洋のマンチェスターから「大大阪」へ

経済でたどる近代大阪のあゆみ

阿部武司・沢井 実

はしがき

　大阪大学に関わりが深い大阪は現在、経済の「地盤沈下」、財政難、人口の減少などさまざまな難問に直面していますが、かつて大阪に住んだ人々は叡知を発揮して苦しい状況を克服し、経済的文化的繁栄を実現してゆきました。

　江戸幕府成立（1603年）前後から急速に整備が進められた大坂は17世紀中に全国の経済センターとなりました。大坂三郷（天満組・北組・南組の総称）と呼ばれた地域が当時の大坂ですが、そこは現在のおおよそ大阪市中央区・北区・西区に限られ、今日繁華街である梅田も農村にとどまっていました。

　しかし、そうした狭い地域に天満の青物、雑魚場の魚、堂島の米の3大市場ができ、また西日本各地から諸藩の米が集められ換金される場所となった中之島には各藩の蔵屋敷が多数設けられ、さらに本町周辺の繊維、道修町（どしょうまち）の薬種のような特定の商品を取扱う問屋・仲買が市中に軒を連ねるようになりました。これらの地域には大坂の内外さらには西日本一帯から様々な物資が運び込まれ、その一部はもちろん市中で消費されましたが、大部分は、武士が集住するようになった江戸をはじめ全国各地に搬出されてゆきました。江戸時代の大坂は物資の全国的な集散地だったのです。モノが動けばその裏ではカネが動きますが、大坂は住友や鴻池などの両替商が集まる日本の金融センターにもなりました。

　しかし、大坂経済は18世紀半ば頃には振るわなくなり、人口や、取引される物資が減ってゆきます。江戸周辺も含む他の地域の産業が発展していったことや、両替商に対する大名貸の返済が諸藩の財政難によって進まなくなったことなどを背景に始まった、大坂経済が経験した最初の「地盤沈下」は、幕末・明治維新期の政治・経済・社会の混乱によって加速されました。とくにかつて繁栄を謳歌した両替商は大打撃を受け、明治初期の大坂経済は冷え切ってしまいました。

　この危機を救ったのが薩摩藩出身の五代友厚でした。大阪に近代的会社企業を定着させ、米穀取引所・証券取引所・商法会議所・商業講習所といったビジネスに必要な機関を設置した彼の偉業が土台となって、大阪には大阪紡績会社や阪堺鉄道会社などの近代的企業が定着し、明治中期になると大阪経済は幕末・維新期の打撃から立ち直り、綿紡績・鉄道などを中心にして日本の工業化の先頭に立つようになります。とくに綿紡績をはじめとする綿業、それを支える商社や銀行などの活動が一体となって、大阪は「東洋のマンチェスター」あるいは「日本のマンチェスター」と内外から呼ばれるようになりました。

　第1次世界大戦期以降になると、繊維産業だけでなく重化学工業や雑貨産業の役割も大きくなり、産業発展を支える公設試験研究機関や、大阪大学工学部の前身である大阪高等工業学校を初めとする専門学校や各種の実業学校、さらには夜学校である工業各種学校も整備されてゆきました。大正末・昭和初年（1920年代後半）に「大大阪」を自負するようになった大阪市は全国一の工業都市となり、周辺も含めて大小様々な製造企業・私鉄各社・電力企業などが躍進します。「商都大阪」は同時に日本最大規模の工業都市でもあったのです。そのころには労働問題や都市問題といった新たな難問も起こりますが、当時の大阪市長・関一はそれらの解決に積極的に取り組みました。

　しかしその後に続く戦時期になりますと大阪経済も大きく変貌することになります。戦時期における経済総動員体制の進展とは、資源配分における重点主義の強化のプロセスでもありました。相対的に軽工業関連

企業、中小零細企業の多かった大阪経済の比重はふたたび低下しはじめ、長らく全国一の工業生産額を誇ってきた大阪は 1939 年にその地位を東京に譲り、戦時期には両者の差が拡大します。大阪経済の「地盤沈下」がこの辺りから議論されるようになります。

　20 世紀前半期の大阪経済の特質はまずなによりもその開放性と自立性にあったように思われます。戦前の大阪は"Captains of Industry"の予備軍の給源であった周辺諸地域、西日本一円に対して強力な経済的吸引力を発揮し続けました。そうした近隣諸府県、西日本、東アジアに対する開放性、産業・商業集積の展開と中小企業の育成、技術向上のための社会的ネットワークに支えられた経済的自立性、こうした諸要因の好循環の中で戦前期大阪経済の成長が達成されました。

　本書は 2008 年 5 月 1 日から同年 7 月 5 日まで大阪大学総合学術博物館と同大学院経済学研究科の共催で実施された同博物館第 8 回企画展の成果を遅ればせながら取りまとめたものです。本書の刊行が、大阪経済の歩みをふり返り、これからのあるべき形を考える一助となれば幸いです。

　図版の掲載に際して、次の機関・個人が所蔵する史・資料について、使用の許可をいただきました。記して感謝いたします。

　大阪企業家ミュージアム、大阪商工会議所、大阪大学大学院経済学研究科経済史経営史資料室、株式会社クラブコスメチックス文化資料室、国立産業技術史博物館誘致促進協議会、東洋紡績株式会社社史室、橋爪節也氏（五十音順・敬称略）

　また、執筆に際して高槻泰郎、大島朋剛、鈴木敦子、片山早紀の諸氏に協力いただきました。厚く御礼申し上げます。

　なお本書には大正期の碌々商店製旋盤の写真が収録されていますが、国立産業技術史博物館誘致促進協議会が所蔵していたこの旋盤は、その後同協議会から大阪大学総合学術博物館に寄贈され、現在はそこに展示されています。

大阪大学大学院経済学研究科　阿部　武司
大阪大学大学院経済学研究科　沢井　実

目　次

はしがき　1

図　版 ……………………………………………………………………………… 5
    大坂経済の繁栄　7
    五代友厚と大阪の復興　12
    住友と鴻池　16
    東洋のマンチェスター　20
    東洋の化粧王　25
    森下仁丹とイトーキ　26

Ⅰ　近世の大阪経済とその危機 ………………………………………………… 29
    (1)　大坂経済の繁栄　31
    (2)　大坂経済の衰退　36
    (3)　大阪経済の復興と五代友厚　41

Ⅱ　住友と鴻池 …………………………………………………………………… 47
    (1)　住友　49
    (2)　鴻池　51

Ⅲ　大阪の工業化 ………………………………………………………………… 55
    (1)　「東洋のマンチェスター」　57
    (2)　重化学工業化　60
    (3)　その他の諸産業　65
    (4)　産業発展のための基盤整備　68
    (5)　企業家のフィランソロピー　72

Ⅳ　「大大阪」の時代 ……………………………………………………………… 75
    (1)　都市化の進展　77
    (2)　関市政の展開　82

参考文献　91

東洋のマンチェスターから「大大阪」へ
図版

大坂経済の繁栄

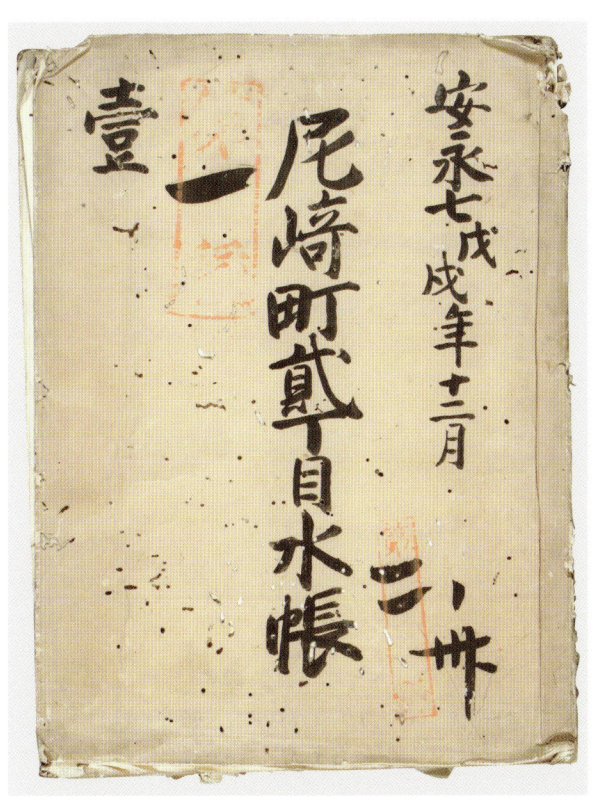

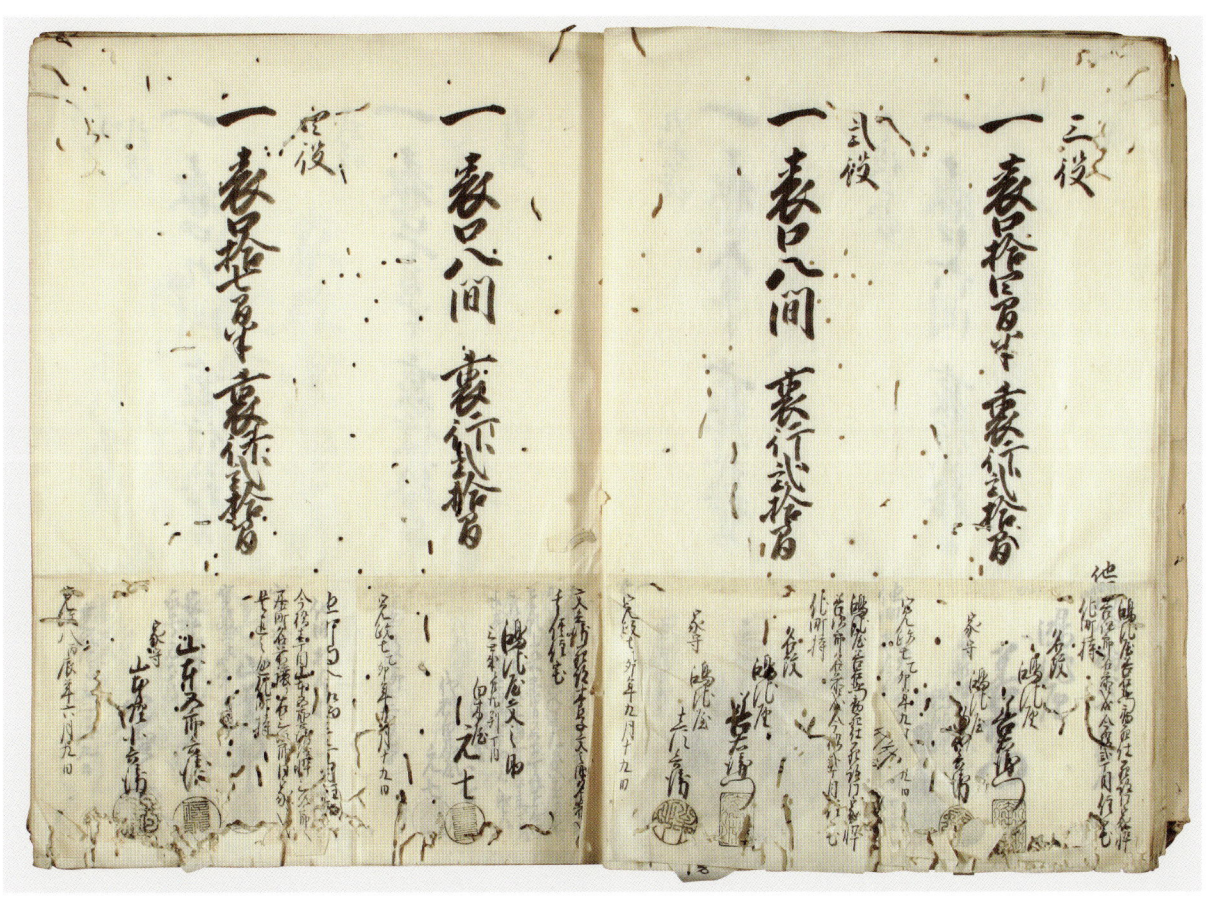

図1-1 「尼崎町二丁目水帳」(安永7 (1778) 年)
「水帳」は、江戸時代における大坂三郷(現大阪市中央区・北区・西区)の土地台帳であり、農村における「検地帳」に相当する。
(大阪大学大学院経済学研究科経済史経営史資料室所蔵)

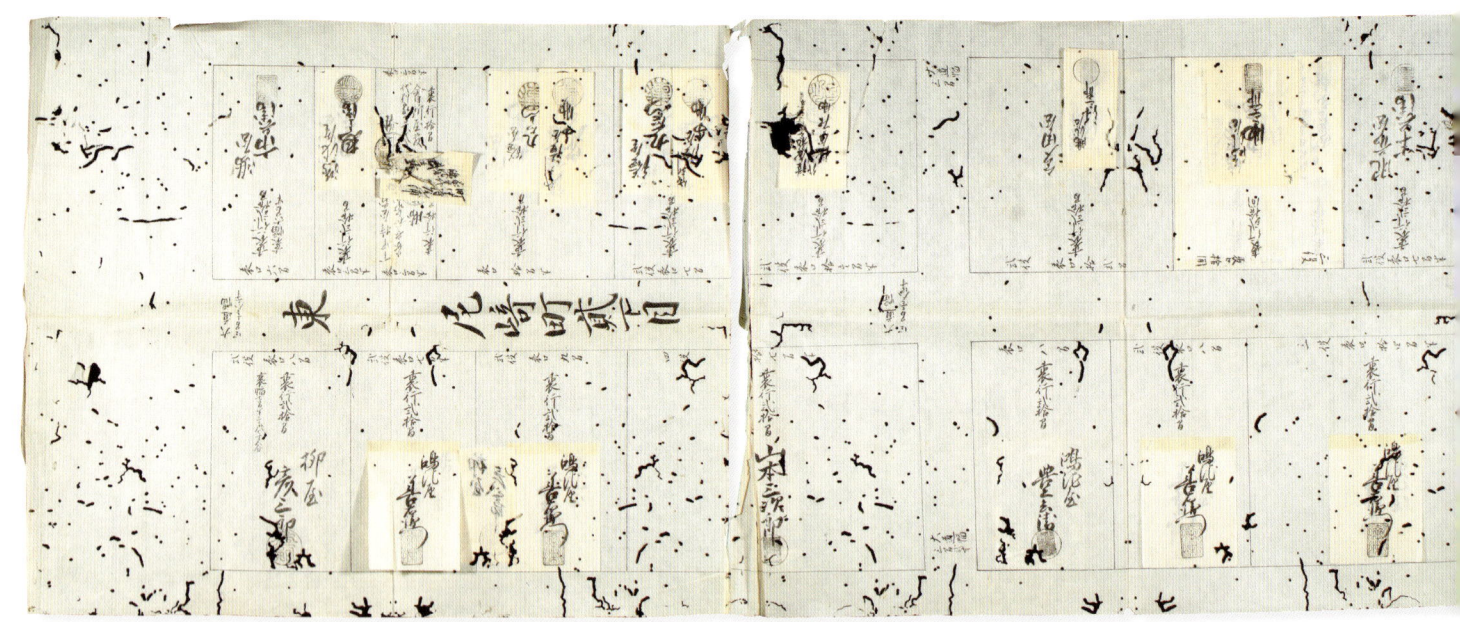

図1-2 「尼崎町二丁目水帳」附図
　一筆ごとに家屋の表口・裏行の間数、役数、所有者名などが記され、所有者が変われば、順次旧所有者名の上に新所有者名が貼紙されることになっていたから、貼紙をめくってゆけば、所有者の変遷を知ることができる。本史料は尼崎町2丁目(現大阪市中央区今橋)のものである。
(大阪大学大学院経済学研究科経済史経営史資料室所蔵)

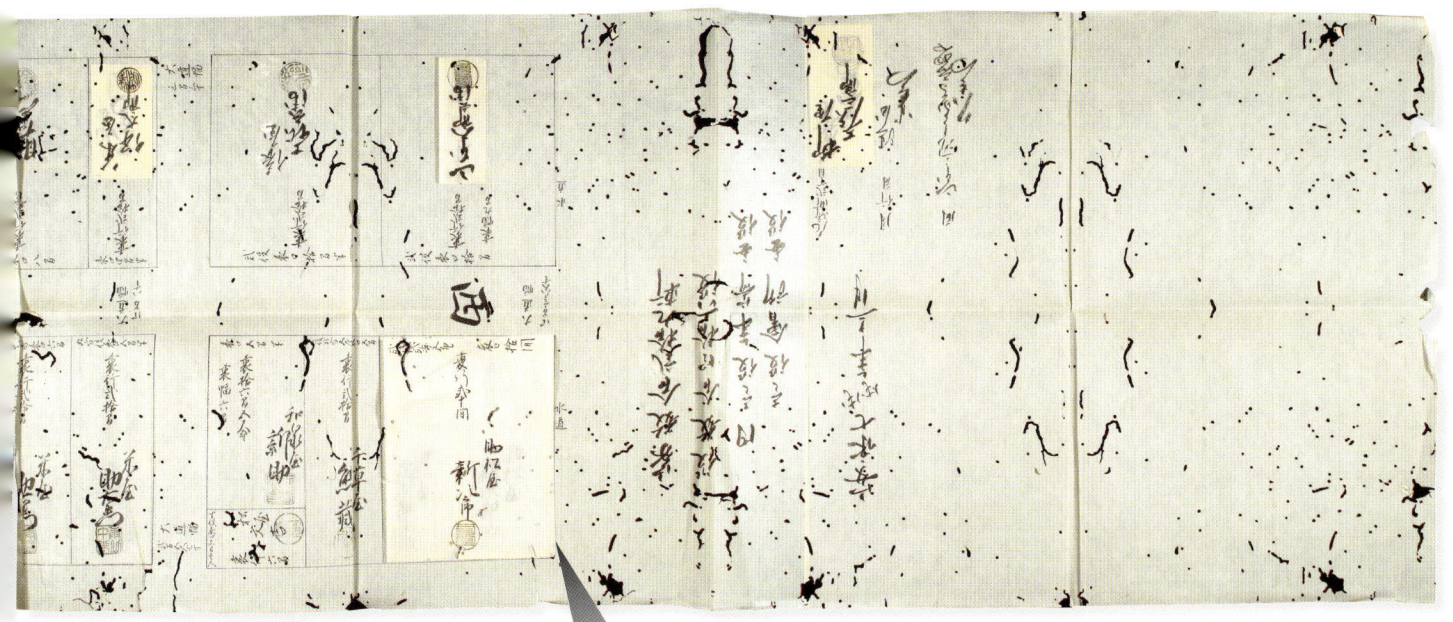

この部分の貼紙をめくると
前の所蔵者がわかる。

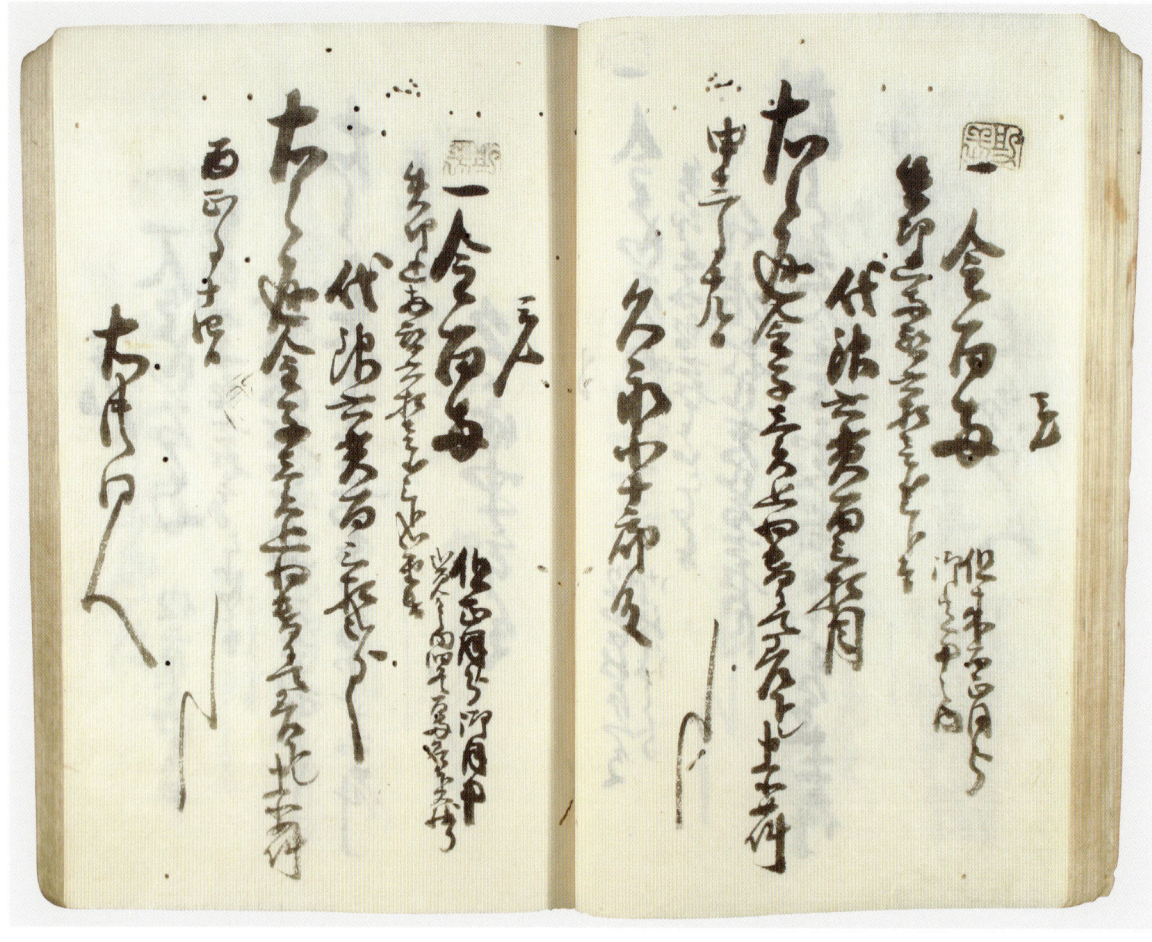

［上の見開きの読み］

（右頁）
一　金百両　　但来西正月分
　　　　　　　御定用之内
　　失却込両替六拾壱匁三分替
　　代銀六貫百三拾目
　右之通金子売上為替にて差下シ申所如件
　　申十二月十八日
　　　　　　　久永小十郎殿

（左頁）
　　　　覚
一　金百両　　但正月分御月用
　　　　　　　弐百金之内旧冬百両差下ス残リ
　　失却込両替六拾壱匁三分弐厘替
　　代銀六貫百三拾弐匁
　右之通金子売上為替にて差下シ申所如件
　　西正月十四日
　　　　　　　右御同人

図2　「天保七年申七月　諸事証文之控　四拾九」
　江戸時代の大坂で十人両替に次ぐ地位を占める両替商であった助松屋（八木家）の貸借関係の証文類を記した史料である。八木家は、大阪帝国大学第4代総長八木秀次を輩出した。
（大阪大学大学院経済学研究科経済史経営史資料室所蔵「助松屋文書」）

図3　江戸時代の紙幣

　江戸時代には幕府による金・銀・銭貨の発行とともに、諸藩による藩札や商人等による私札の発行が大量になされた。とくに諸藩・旗本の飛び地や天領（幕府直轄領）などの非領国地域が多い畿内とその周辺ではさまざまな紙幣が発行されて経済活動に必要な貨幣の需要を満たしていた。

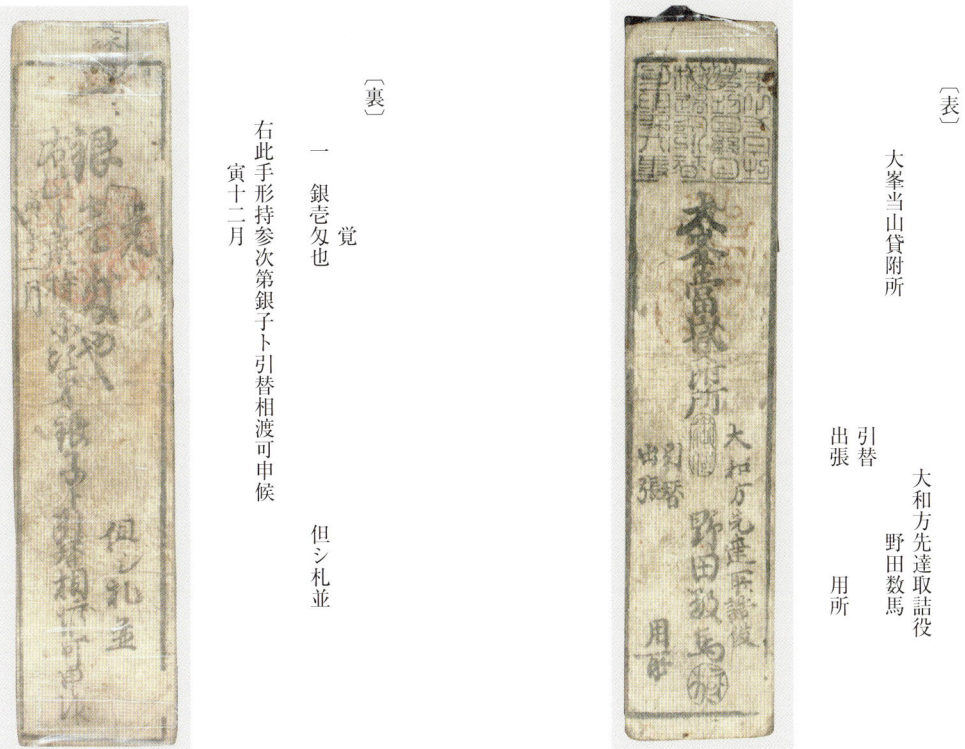

図3-1　大和国吉野郡（現奈良県吉野郡）大峯当山で幕末に発行された寺社札（右が表、左が裏）
　　　　（大阪大学大学院経済学研究科経済史経営史資料室所蔵「作道洋太郎名誉教授旧蔵藩札」）

図3-2　豊前国宇佐（現大分県宇佐市）で1853（嘉永6）年に発行された町村札とみられる64銭5匁の札

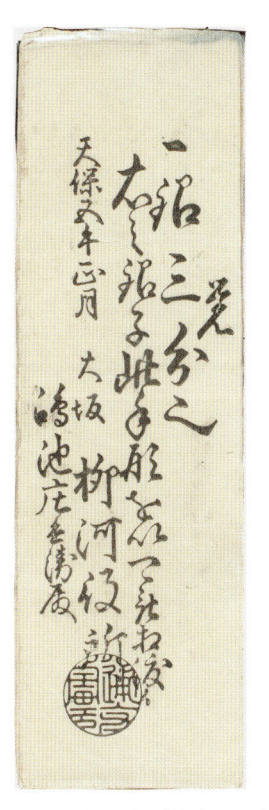

図3-3　柳川藩（藩庁は現福岡県柳川市）が1834（天保5）年に発行した藩札

五代友厚と大阪の復興

図4　「弘成館」の扁額
　弘成館は五代友厚が1873年にのちの大阪市北区に創立した、各地の鉱山事業を統括する企業。この扁額は同郷である薩摩藩出身の政治家大久保利通（1830-78年。号は甲東）が与えた書。五代は大久保の政策ブレインであった。
（大阪企業家ミュージアム所蔵のレプリカ）

① 1842（天保13）年　数え年8歳で児童院の学塾に入り、句読を授けられる。

図5 ①～⑳　五代友厚の生涯
　五代（1835-85年）は、明治政府を辞して、大阪堂島米商会所・大阪株式取引所・大阪商法会議所・大阪商業講習所の設置、金銀分析所・弘成館・朝陽館の創立、大阪製銅・阪堺鉄道など多数の近代企業の設立によって、衰退していた大阪経済を明治前期に再建した功労者である。以下に示すのは、その生涯を長谷川貞信氏が描いた20枚の錦絵である。
（大阪商工会議所所蔵）

② 1848（嘉永元）年　世界地図を模写して藩主島津斉彬に献じ、もう1枚模写した地図から地球儀を作成。

③ 1854（安政元）年　父の死により数え年20歳で初めて薩摩藩に出仕し、郡方書役となる。

④ 1857（安政4）年　藩から選抜されて長崎に留学。

⑤ 1862（文久2）年　島津久光の命を受け、水夫に身をやつし上海に密航。

⑥（左）1862年　桂小五郎（のち木戸孝允）とともに生麦事件に遭遇。
⑦（右）1863（文久3）年　薩英戦争に際し松木弘安（のち寺島宗則）とともに薩摩軍を指揮。

⑧（左）1865（慶応元）年　ヨーロッパに出発。
⑨（右）1867（慶応3）年　薩摩藩営鹿児島紡績所設立。

⑩（左）1867年　幕府とは別個の薩摩藩のパリ万国博覧会への参加に尽力。絵に見える女性たちは万博会場の茶店で観客を接待。
⑪（右）1868（明治元）年　堺事件その1。

⑫（左）1868年　堺事件その2。フランス側の「行方不明の死体を指定時間内に海中より引き上げよ」という要求に応えるため、五代は盆に大金を盛って水夫を励まし、目的を達成した。
⑬（右）1868年　大阪川口運上所で活躍。

⑭大阪造幣寮設置に尽力。

⑯ 1878(明治11)年　大阪株式取引所を設立。

⑰ 1875(明治8)年　北浜花外楼で大久保利通、木戸孝允、黒田清隆、井上馨、伊藤博文、板垣退助らが参加した大阪会議を組織。

⑱ 1878（明治11）年　大阪商法会議所を設立し会頭に推される。

⑮ 1876（明治9）年　明治天皇が福島県半田銀山を行幸。

⑲ 1879（明治12）年　藤田伝三郎の贋札作りの疑惑に際し、五代は大阪商法会議所会頭として、贋札があればいつでも本当の紙幣と交換すると公示し、混乱を収めた。

⑳ 1885（明治18）年　数え年51歳で逝去。

住友と鴻池

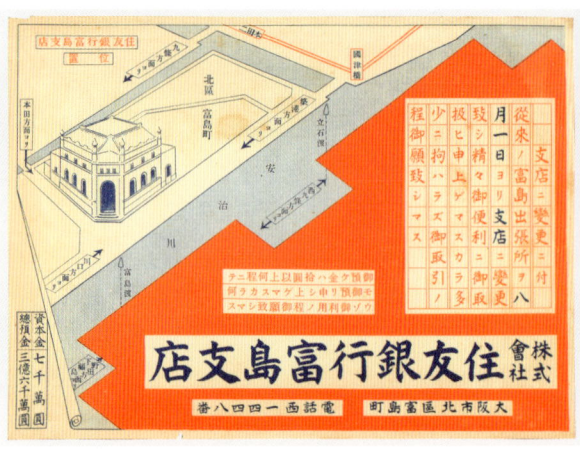

図6　戦前の住友銀行のポスター
　　　住友家が1895（明治28）年に本店に設けた銀行部を1912年に同家参加事業として初めて株式会社化したのが住友銀行であった。（橋爪節也所蔵）

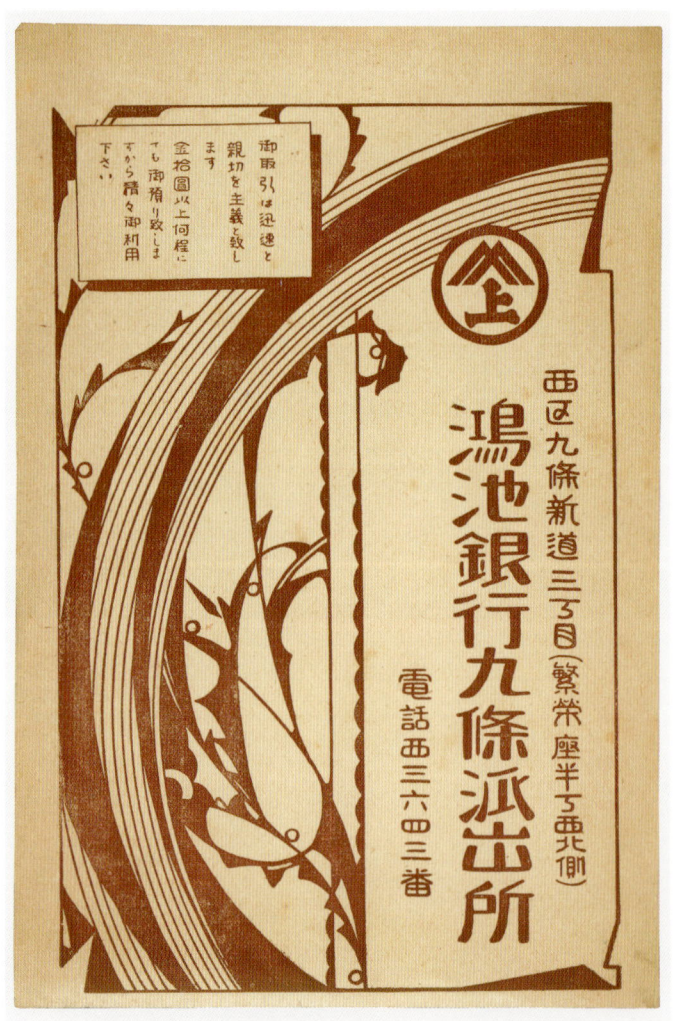

図7　鴻池銀行のポスター（橋爪節也所蔵）

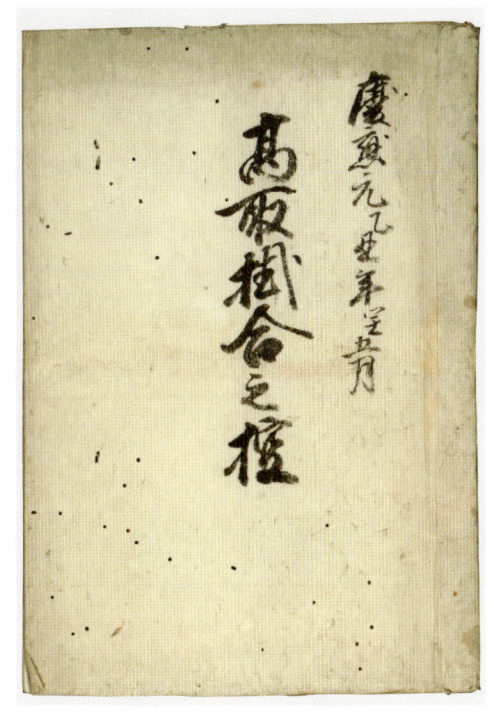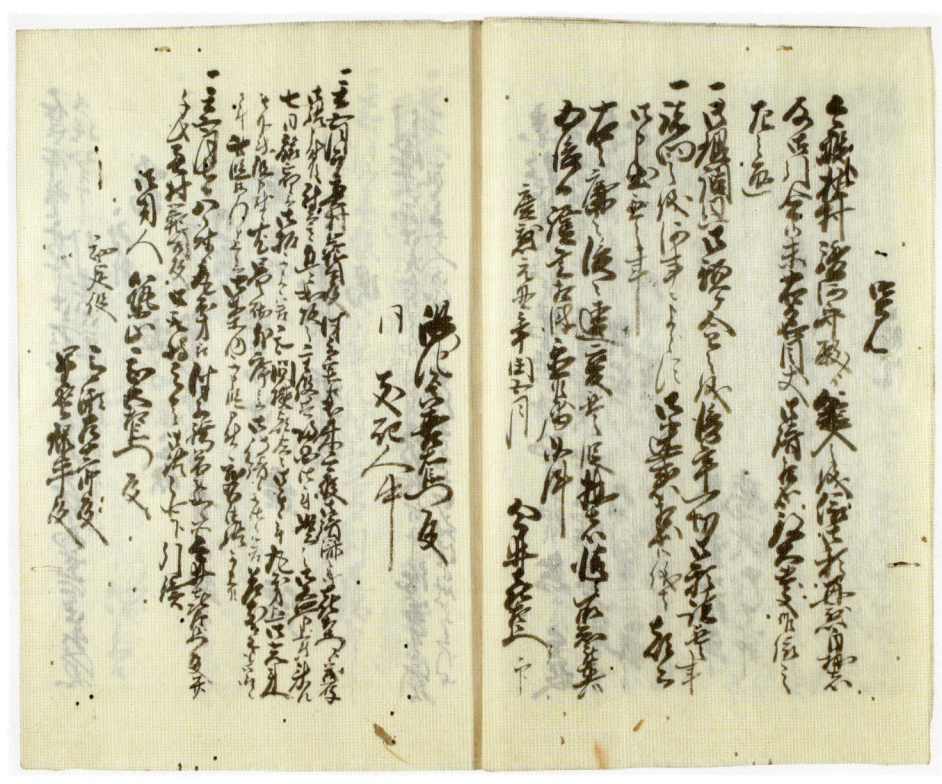

図8　鴻池善右衛門家「高取掛合之控」(左、慶応元・1865年) および「肥前掛合控」(右、文久2・1862年)
　　鴻池家は江戸時代に、大坂のみならず日本でも三井と並び称される最大級の豪商であった。「掛合控」は鴻地両替店が大名諸侯に対して大名貸を行った時の商談の記録である。ここに掲げたのは幕末期の肥前藩（現佐賀県と長崎県）および大和国高取藩（現奈良県高市郡高取町）に関するもの。
　　（大阪大学大学院経済学研究科経済史経営史資料室所蔵「鴻池家文書」）

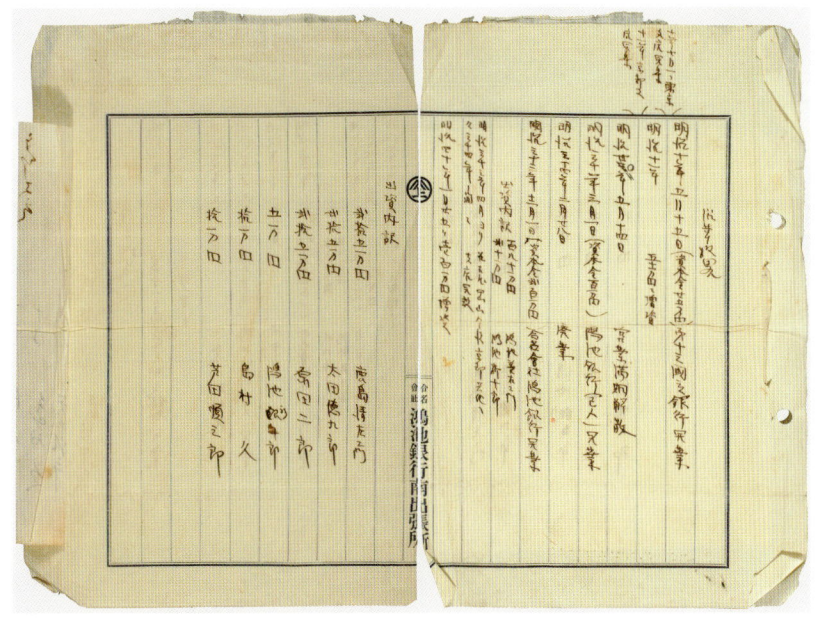

図9-1　鴻池銀行関係文書（1）
　　（大阪大学大学院経済学研究科経済史経営史資料室所蔵）

図 9-2 鴻池銀行関係文書（2）（大阪大学大学院経済学研究科経済史経営史資料室所蔵）

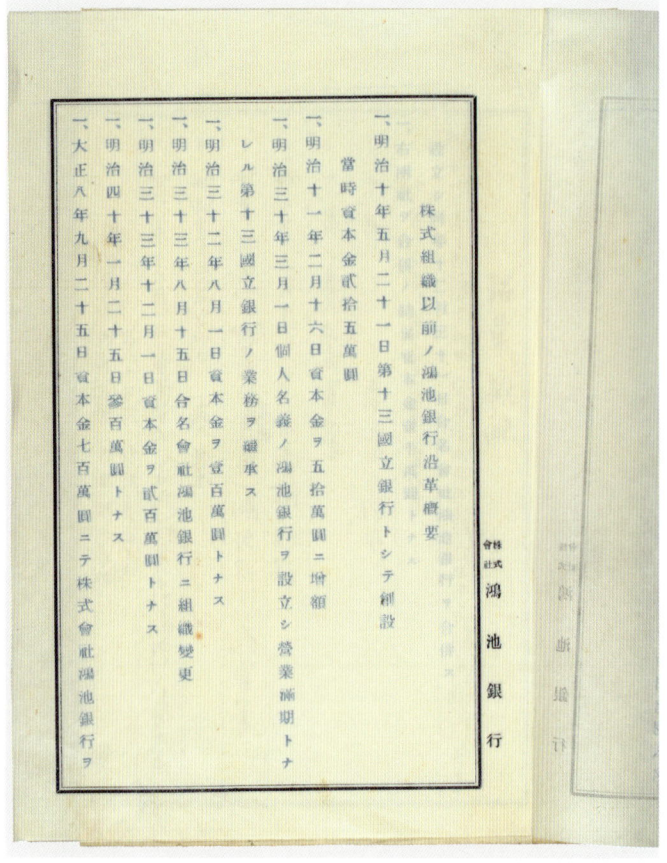

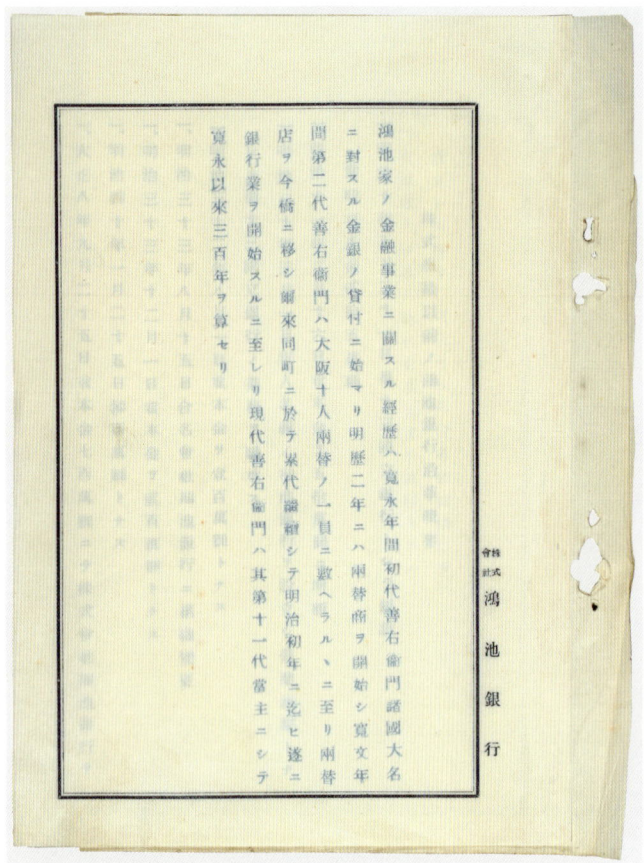

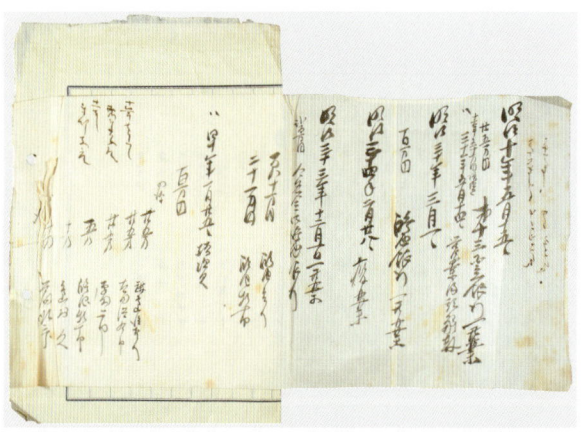

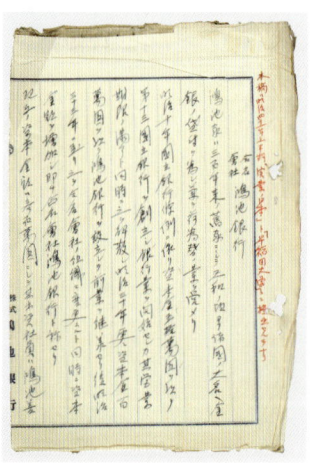

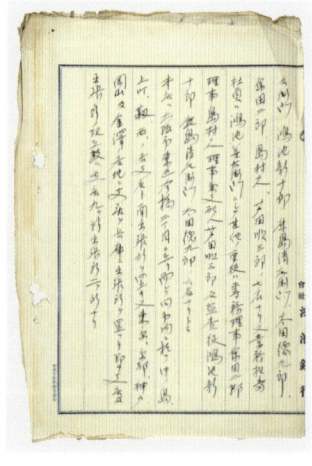

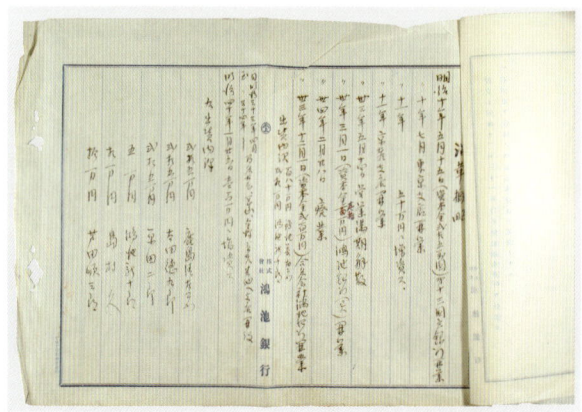

図 10　戦前の三和銀行関係文書

　江戸時代に栄えた大坂の金融業者は、幕末・明治維新期に衰退を余儀なくされたが、やがて銀行をはじめとする近代的金融機関へと姿を変えて復活した。
　両替商鴻池善右衛門家の鴻池銀行、洋反物商兼両替商山口吉郎兵衛家の山口銀行、大阪市の呉服商たちが設立した三十四銀行は、住友銀行などと並んで関西の代表的銀行であったが、1933年末に合併し三和銀行（現三菱東京UFJ銀行）となった。

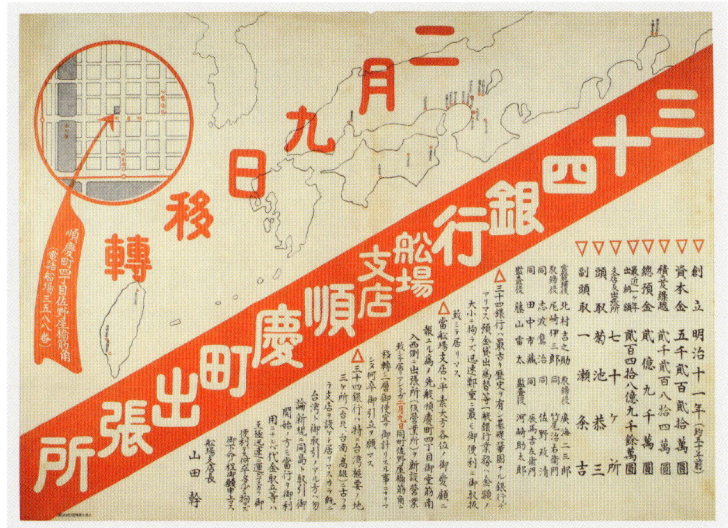

図 10-1　三十四銀行ポスター（橋爪節也所蔵）

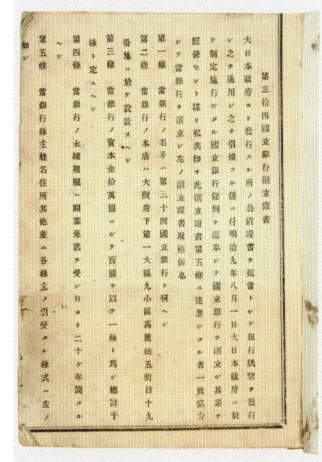

図 10-2　三十四銀行創立証書（1877年）

（図10-2〜図10-4　大阪大学大学院経済学研究科経済史経営史資料室所蔵）

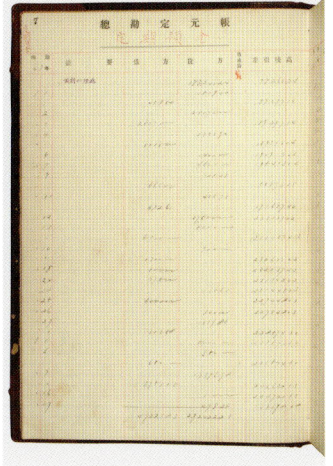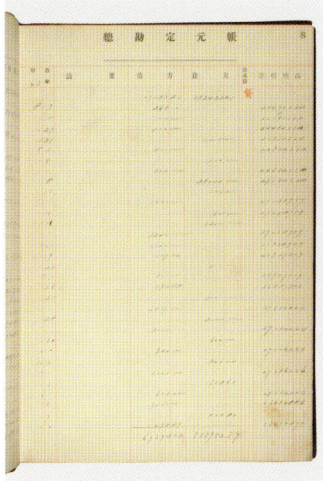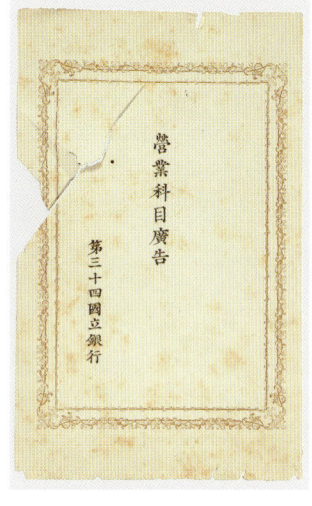

図 10-3　山口銀行御影支店総勘定元帳（1910年）

図 10-4　三十四銀行営業科目広告

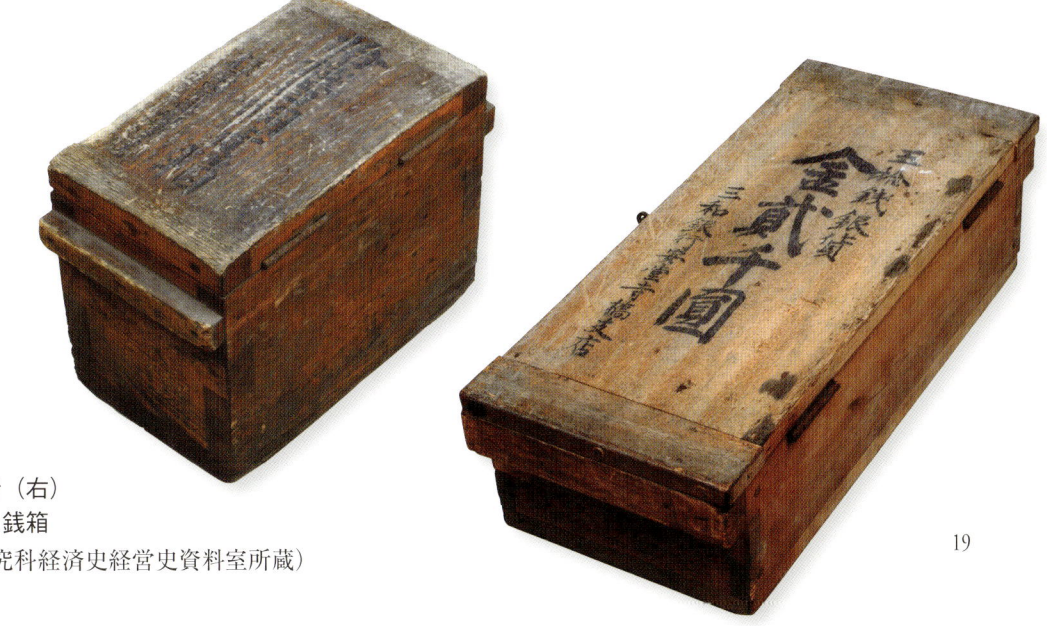

図 11　三十四銀行（左）、およびその後身の三和銀行（右）が貨幣の収納に用いていた銭箱
（大阪大学大学院経済学研究科経済史経営史資料室所蔵）

東洋のマンチェスター

図12　日本の経済産業事情を紹介する『タイムズ』特集号（1921年4月16日号）（上）および
『マンチェスター・ガーディアン』紙（1921年6月9日号）喜多又蔵（日本綿花株式会社社長）「大阪とマンチェスター：綿業協商への祈り」（下）（橋爪節也所蔵）

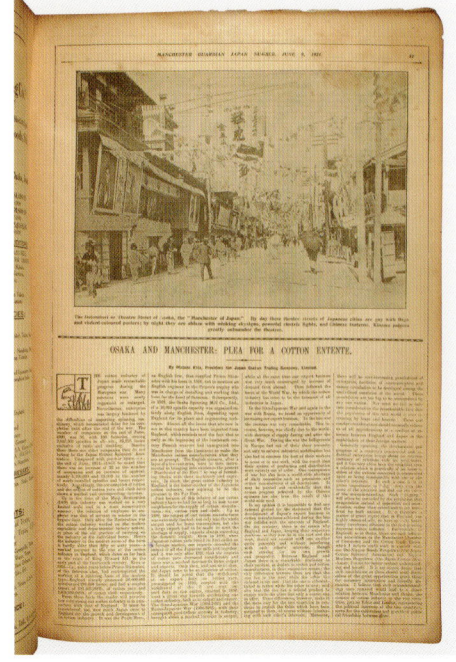
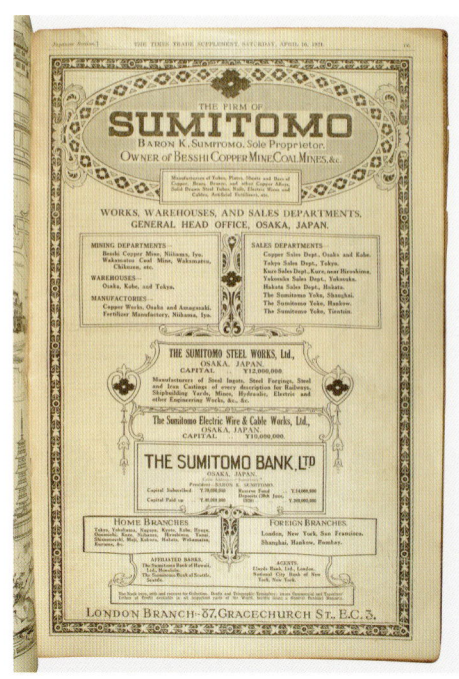

図13 銀製センターピース （1917年英国エンタルキントン社製）
　イギリスのプラット・ブラザーズほか紡績機械関係計3社から、東洋紡初代社長山辺丈夫が日本紡績業界へ貢献したことに敬意を表して記念として贈呈されたもの。（東洋紡績株式会社所蔵）

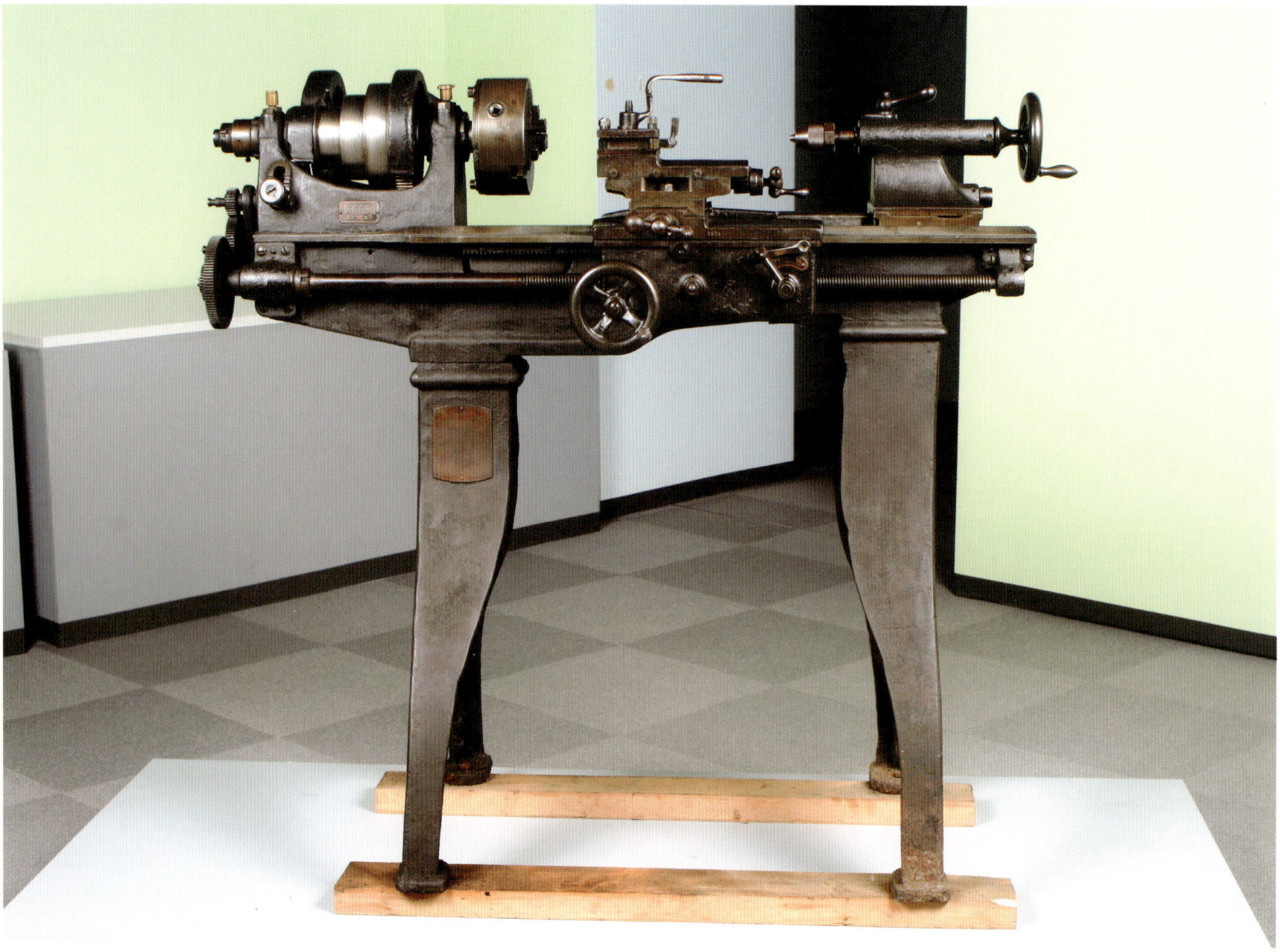

図14 旋盤
　戦前から大阪市内の仲津製作所で使用されてきた株式会社碌々商店（1903年創業）製小型旋盤。旋盤は
「機械を作る機械」である工作機械を代表する機種である。（大阪大学総合学術博物館所蔵）

図15 工場地帯
　大阪市の東北部方面。紡績、精錬、電気分銅などの大工場が密集している様子を伝えている。
「大大阪」は文字通り「煙の都」でもあった。(『大阪市大観』1925年刊より)

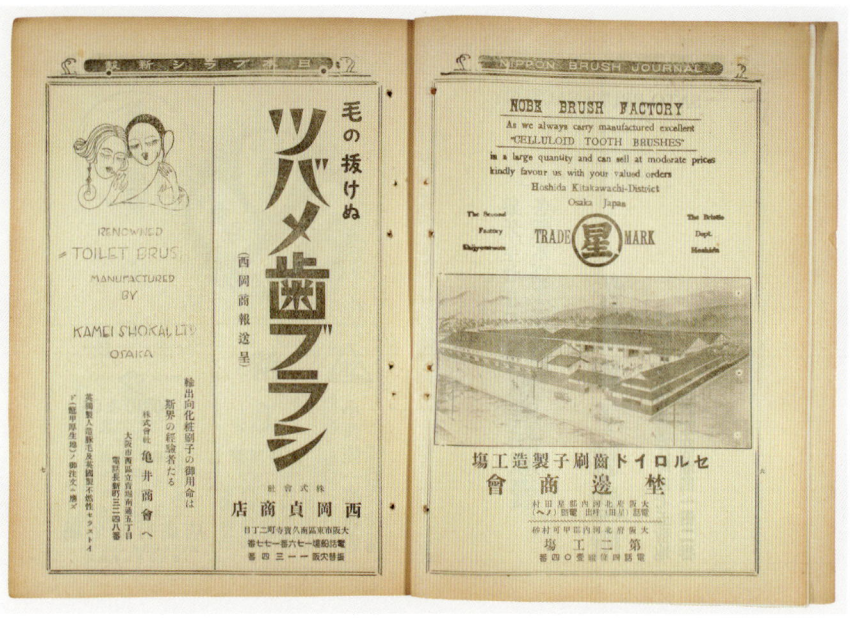

図16 『日本ブラシ新報』（1913年創刊）
　　「東洋のマンチェスター」大阪は同時に、輸出雑貨産業の一大集積地でもあった。ブラシ産業もその一つであり、セルロイドブラシが登場するまでは「満州」から牛骨と豚毛を輸入し、大阪で牛骨を歯ブラシの柄に加工し、それに豚毛が植毛された製品が主流であった。（個人所蔵）

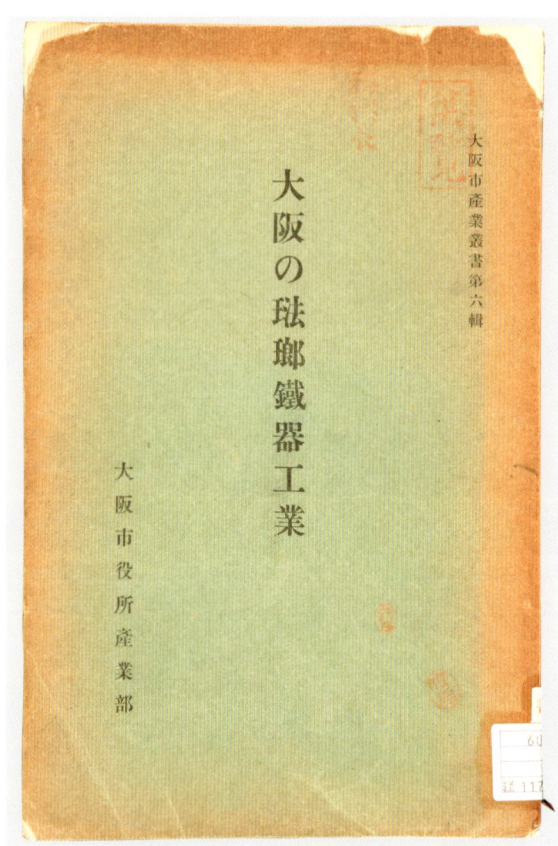

図17 『大阪の琺瑯鉄器工業』（1930年）大阪市役所産業部編
　　『大阪市産業叢書』シリーズの第6輯として編纂されたものであり、大阪市立泉尾工業学校教員が校閲を担当している。
（大阪大学附属図書館所蔵）

図18 『大阪経済雑誌』第24巻第8号（1916年8月）
　　大阪市立工業研究所技師　理学士高岡齊「化学工業は如何にして発達せしむべきか」
（橋爪節也所蔵）

東洋の化粧王

図19-1
中山太陽堂の双美人マークのクラブ洗粉のパッケージ
英文の説明が斬新。

(図19-1～図19-6 株式会社クラブコスメチックス文化資料館所蔵)

図19-2 クラブ歯磨ポスター
戦前の大阪を代表する画家で美人画で有名な北野恒富(1880-1947年)によるもの。

図19-3 クラブ白粉ポスター

図19-4 双美人牌化粧品ポスター
中国向け輸出品。

図19-5 美身クリーム

図19-6 はき白粉

森下仁丹とイトーキ

図20-1 森下仁丹
　森下仁丹の創業者森下博（1869-1943年）は15歳で来阪し、1893年に薬種商「森下南陽堂」を開業した。「銀粒仁丹」の前身である「赤大粒仁丹」が1905年に発売され、仁丹に続く主力商品の「仁丹体温計」は22年に発売された。

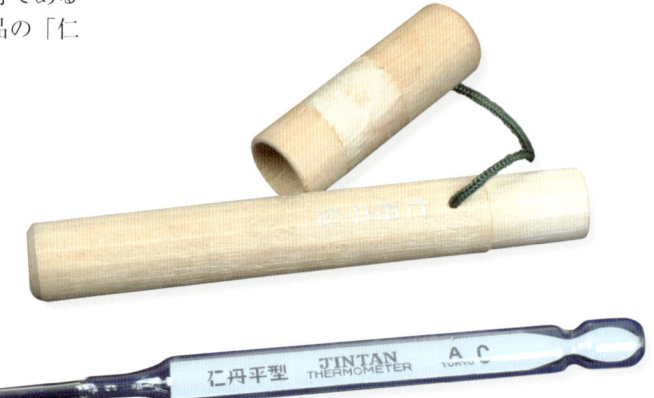

図20-2 「仁丹体温計」

図21 伊藤喜商店「ホチキス1号」
　伊藤喜十郎（1855-1936年）が1890年に創業した伊藤喜商店は、大正期になると自社生産品にハト印のトレードマークをつけて「ホチキス1号」として販売した。
（図20・21 大阪企業家ミュージアム所蔵のレプリカ）

図22 大阪市営小売市場
　　大阪市設小売市場は、1918年の4市場が35年には54市場に増加し、その間に総売上高も214万円から2300万円にまで増大した。写真は本庄市場の様子である。(『大阪市大観』1925年刊より)

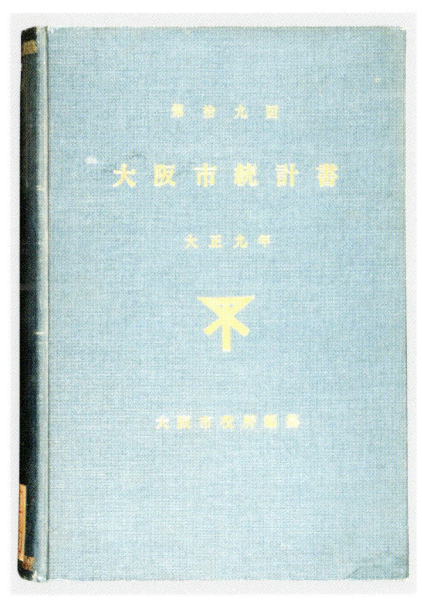
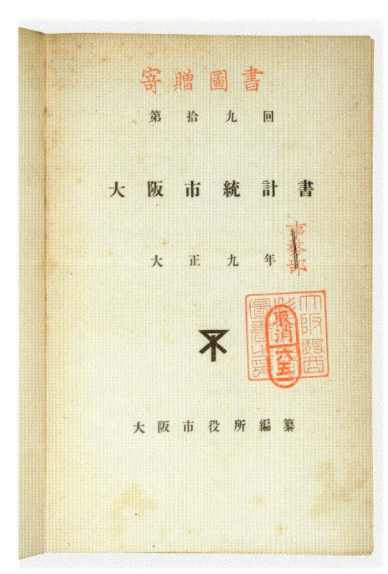

図23 『大阪市統計書』
　　第1回統計書は1899年版(1901年刊行)であり、以後毎年刊行された。内容は、土地、気象、農業・漁業、人口、教育、宗教、衛生、社会、警察裁判、貿易、会社、金融、商業、交通、工業、財政、公議会などから構成された。(大阪大学附属図書館所蔵)

図24 大阪市立工業研究所
　大阪市立工業研究所（工研）は1916年に市立大阪工業学校（後の市立都島工業学校）構内に設立され、1923年に北区北扇町（現北区扇町）に建築費約22万円で新築本館が落成した。
（『大阪市大観』1925年刊より）

Ⅰ 近世の大坂経済とその危機

大阪市中央区中之島の久留米藩蔵屋敷跡から発掘された出土品
（大阪大学埋蔵文化財調査室提供）

　「天下の台所」と呼ばれた江戸時代の大坂には、西日本各地から米をはじめとする大量の物資が主に海運・水運を通じて搬入され、その大部分が多数の商人を通じて江戸をはじめ全国各地に供給された。大坂は両替商を担い手とする日本の金融センターでもあった。

　元禄期に繁栄をきわめた大坂では、享保期以降、商家の資産の伸びが鈍化し、人口も減少するようになったが、その背後には経済の構造的変化があった。大坂に集まる物資は、各地の産業発展を反映して減少してゆき、当初は両替商に利益をもたらしていた大名貸の返済も進まなくなった。幕末・明治維新期に富豪に課せられた巨額の御用金、明治初年代における銀目停止、新政府による蔵屋敷の没収、株仲間の解放、藩債の切捨てなどは大坂の衰退に拍車をかけた。

　そうした中で、薩摩藩出身の五代友厚（1835-85年）は1869年に政府の官僚を辞して大阪に定住し、貨幣の鑑定、そして鉱山業や製藍業の経営を行ったほか、近代的会社企業の創立、大阪堂島米会所の再建、大阪株式取引所・大阪商法会議所・大阪商業講習所の設立など大阪における経済の復興と経済界の組織化を進めて、のちの工業化の基礎を固めた。

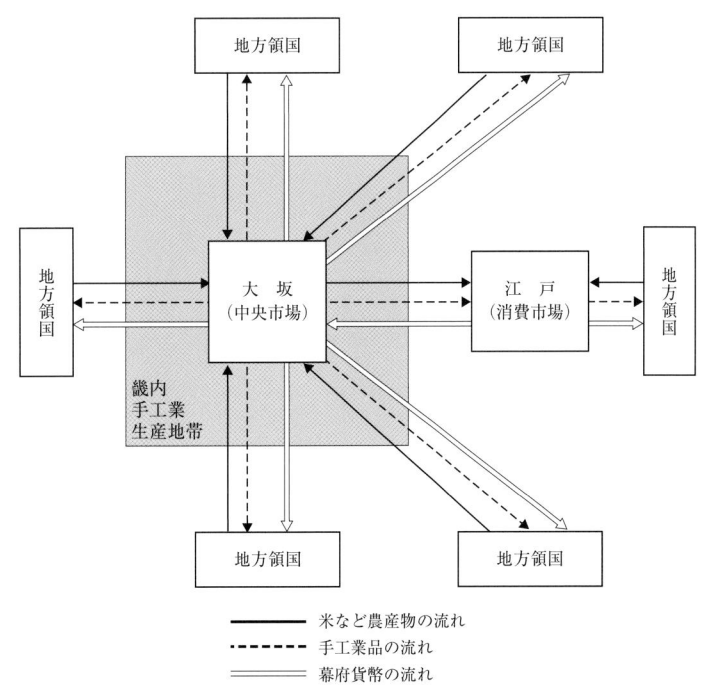

徳川経済の地域間循環構造（1）
〔出所〕宮本又郎・上村雅洋「徳川経済の循環構造」（速水融・宮本又郎編『日本経済史1　経済社会の成立　17～18世紀』岩波書店、1989年、第6章）282頁。

(1) 大坂経済の繁栄

三都のなかの大坂

　江戸時代（1603-1868年）の日本には三都と呼ばれる3つの大都市があった。「将軍様の御膝元」江戸は、徳川将軍の拠点江戸城周辺に参勤交代制度を通じて武士が集住する全国の政治の中心地であり、元禄年間（1688-1704年）には人口100万人を誇り、ロンドンやパリを凌ぐ世界有数の巨大な消費都市となった。京都は、平安時代（794-1185年または1192年）以来皇室が存在し公家や僧侶も住む文化の中心で、西陣織や清水焼をはじめ工業品の生産も盛んであった。大坂[1]は別名「天下の台所」であり、経済の中心であった。そこには近隣も含め西日本各地から大量の物資が海運・水運を通じて搬入され、それらの財が問屋を通じて江戸をはじめ全国各地に供給された。

米と大坂

　ところで、江戸時代に先立つ豊臣秀吉（1537-98年）の時代には石高制が整備され、それは江戸時代の納税の基礎となった。石高とは領内全ての土地について検地を実施して算定された米の出来高の集計量であり、よく知られている加賀百万石を例にとれば、現在の石川県を中心とする広大な北陸地方を支配していた大名前田家の領地は米の数量100万石によって表わされていた。17世紀初めに石高は実際の米の出来高を相当程度反映していたが、その後の新田開発や米作の技術進歩などによって石高は実際の米の収穫量から乖離してゆき、大名の格付けのようなものになっていった。石高制の確立によって江戸時代には米が基本的な租税となったのだが、幕臣や大名あるいはそれらの家臣、すなわち武士は、米だけで生活できたわけではなく、また財政運営もできなかった。米をどこかで現金に変えなければならなかったのであるが、その場所が大坂に他ならなかった（上図参照）。

　諸藩は江戸時代初期から大坂に蔵屋敷を建て、米をそこに運び、蔵元がそれを保管・販売し、さらに掛屋が販売代金の管理をするようになった。

---

[1] 江戸時代には通常「大坂」と書かれていたが、明治初年に「大阪」に代わっていった。

堂島米会所跡の碑（大阪市北区）

大坂の蔵屋敷は明暦期（1655-58年）に25、元禄期（1688-1704年）に95、天保期（1830-44年）に125、江戸期平均100程度存在し、とくに現在の中之島には蔵屋敷が集中するようになった。江戸初期には各藩の役人が蔵元や掛屋であったが、やがて町人がそれらの業務を担当するようになった。明治期以降蔵屋敷は壊されてゆき、現在ではかつての面影はないが、たとえば大阪大学中之島センターの地には広島藩と久留米藩、朝日新聞社の敷地には宇和島藩の蔵屋敷が存在していた。その面影は、天王寺公園内に保存されている黒田藩蔵屋敷の門からわずかにうかがわれる。蔵元と掛屋は兼任されることが多く、掛屋は有力な金融業者として成長していった。

のちに鴻池の事例に関連して改めてふれるが、ここでは米の取扱いから大名貸が容易に生じうることに留意しておきたい。大名の米の販売代金を扱っていたのが掛屋であるが、国内の多くの地域で米は当時毎年秋ないし冬に1回限りしか入荷されず、しかも販売には時間がかかった。他方、大名は米の売買を大坂商人に委託する際、販売代金を即金で求めた。そこで、大名に対して掛屋が金を一時貸すことになる。このようにして始まった大名貸には利子がつけられ、それは江戸中期までは収益の多いビジネスであった。

大坂に集められた大量の米は米商人によって売買されるようになった。寛永年間（1661-73年）、淀屋橋の名を残した有名な淀屋辰五郎（？-1717年）が米市を開いたが、この淀屋米市が米相場会所の元祖であった。1705（宝永2）年、淀屋は闕所（けっしょ）となり、この市は終わるが、その後堂島新地の開発が進み、堂島の地に1730（享保15）年、堂島米会所が開かれ、米穀取引のセンターとなり、先物取引も含む高度な取引技術の展開がみられるようになった。現在の全日空ホテルの近くには堂島米会所の碑がある。

商品の集散地

大坂には米以外に様々な物資が集められるようになり、多数の問屋が集住するようになった。彼らはもともと大坂に住んでいたわけではない。そうした事情は江戸でも同じであるが、秀吉の時代から江戸初期にかけて大坂に全国各地から商人が誘致されたのである。まず秀吉が伏見商人を招き、次いで堺商人（薬屋が多かった）、さらには大坂平野郷、阿波、土佐、薩摩、近江などから多数の商

人が呼び寄せられた。現在の大阪市内でも本町付近には繊維問屋が多く、道修町には薬のメーカーが多いが、それらはかつての大坂商人の名残といえよう。

大坂には河村瑞賢（1618-99年）が1671（寛文11）年に開いた、出羽国（現山形県）酒田から下関、大坂、江戸を結ぶ西廻航路を利用して西日本各地のみならず日本海沿岸の各地、さらには蝦夷地と呼ばれた北海道から様々な物資が搬入されるに至った。大坂市中でも後述の住友の銅や鴻池の酒にみられるように多数の工業製品が作られ、周辺には豊かな農村が広がり、摂津の菜種油・寒天・紙・酒、河内・和泉の綿織物、堺の刃物など多様な工業製品も大坂に搬入された。これらは江戸中期に40万人の人口を擁するようになった大坂でももちろん消費されたが、大部分は海運によって江戸に運ばれ、消費された（31頁前掲図）。

金融のセンター

モノの流れの反面がカネの流れである。今日日本の金融機能は東京に著しく集中している。しかし、江戸時代の大坂はまぎれもなく日本の金融センターであり、その担い手が両替商であったが、それらの点を論じる前に、江戸時代の三貨制度について説明しておく必要がある。江戸時代以前から西日本では銀が機軸通貨であった。これは当時、中国をはじめとするアジアが銀貨圏であり、西日本もその一環を成していた事実を反映している。銀は秤量貨幣であり、原則として重さを測って評価された。銀はいわゆるコインではなく、本来銀の塊（丁銀、豆板銀など）のまま使用されていたのであるが、個々の取引でいちいち重さを量るのは不便なので、実際には銀自体が動くことは少なく、手形が江戸時代初期から通用していた。

他方、江戸では徳川将軍が新しい通貨制度を作った。関東を中心とする金通貨圏である。金貨は大判、小判など1枚ずつ通用する金貨で、計数貨幣または定位貨幣と呼ばれた。幕府は貨幣の材料である金銀を鉱山の直轄や、鎖国という貿易規制を通じて独占し、支配の1つの根拠とした。そのほか、庶民レベルの商取引には銅などで作られた銭が使われた。これらの異質な通貨の間には1609（慶長14）年に決められた金1両＝銀50匁＝銭4貫文（4,000文。1700（元禄13）年に1両＝60匁に変更）という公定レートが存在したが、実際にはそれは日々瞬時に変動し、換算1つとっても難し

大阪大学中之島センター（大阪市北区）
このあたりには蔵屋敷が並んでいた。

い仕事であった。両替とは、もともとはこの換算のことである。幕府は金貨圏を江戸中期の田沼時代から次第に全国に拡張することを図り、それは時とともに進行していったが、明治維新期までに銀貨圏がなくなってしまったわけではなく、それが幕末・維新期の大坂の衰退にも関わってくる。

大坂の両替商には本（仲間）両替、南仲間両替、三郷銭屋仲間があり、本両替を取り締まるのが十人両替（実際にはしばしば10人以上）であった。本両替は金銀売買のほかにも預金、貸付、手形振出、為替取組など様々な金融業務を行い、大雑把に言えば今日の銀行であった。〈図2〉は、鴻池善右衛門、加島屋久右衛門などの大両替商に次ぐ地位にあった両替商助松屋（八木家）の帳簿である。八木家は、大阪帝国大学第4代総長を務め、八木・宇田アンテナの発明で知られる八木秀次（1886-1976年）を輩出している。

江戸時代とくにその後半には、幕府による金・銀・銅貨の発行のほか諸藩による藩札や商人等による私札の発行も大量になされた。とくに諸藩・旗本の飛び地や天領（幕府直轄領）などいわゆる非領国の地域が多い畿内とその周辺では、さまざまな紙幣が発行され経済活動に必要な貨幣の需要が満たされていたが、図3には3つの例が示されている。

大坂商人と株仲間

天領であった大坂に対し、1634（寛永11）年に来阪した3代将軍家光（1604-51年）は幕府への地子銭（土地の石高に課せられる税金）の納入を免除した。もっとも町人（家屋敷を持つ）には、人夫を差し出す公役が課されたが、農村におけるような高率の年貢は免除された。大坂には東西町奉行が置かれたものの、武士が町人に比べてそもそも少なく、規制もやかましくなくて自由な商取引が行われるようになった。

しかし大坂では野放しの自由が支配していたのではなく、商業、工業、金融に関わる各業者は株仲間を結成し、商取引の自主規制に務めた。宮本又次は株仲間の機能を信用維持、調整、権益擁護、独占の4つに整理した。株仲間といえば直ちに連想される西洋中世のギルドにおいて業者の新規参入が厳しく規制されていたことは周知の通りであろうが、この点は日本の株仲間でも同じであった。時が経つにつれて株仲間の権益擁護や独占というマイナス面が顕在化していった事実は否定できな

いものの、信用維持および調整というプラス面が存在したことも正当に評価されなければならない。江戸時代には現在とは異なり商法という法律はなかったが、それに代わって商道徳を維持する役割をも株仲間が担っていたのである。江戸後期の1841-42（天保12-13）年に老中水野忠邦（1794-1851年）が、物価を吊り上げる元凶として株仲間を問題視し、その解散を命じたところ、多大な経済的混乱が生じ、幕府も1851（嘉永4）年にその再興を認めざるをえなかったという周知のエピソードは、株仲間が実際に必要であった事実をよく示している。

江戸時代における大坂三郷（現大阪市中央区・北区・西区）では「水帳」と呼ばれる土地台帳が作成されていた。農村における「検地帳」に相当するそれには、一筆ごとに家屋の表口・裏行の間数、役数、所有者名などが記され、所有者が変われば、順次旧所有者名の上に新所有者名が貼紙されることになっていたから、貼紙をめくってゆけば、所有者の変遷を知ることができる。〈図1-1〉、〈図1-2〉は尼崎町2丁目（現大阪市中央区今橋）の「水帳」である。

表 1-1　江戸中期以降の大坂への商品廻着量

商品種	単位	商品廻着量（実数）			商品廻着量（指数）		
		1736年（元文元年）	1804-1830年（文化・文政年間）	1840年（天保11年）	1736年（元文元年）	1804-1830年（文化・文政年間）	1840年（天保11年）
米	万石	約120	150	108.5	67	100	72
塩	万俵	49万石	120	98.66		100	82
炭	万俵	69	250	181.8	28	100	73
薪	艘		500			100	
毛綿	万反	121	800	300	15	100	38
実綿	万貫	16	150	97.717	11	100	65
繰綿	万貫	4.8	200	134.3	2	100	67
蝋	万丸	約0.7	10	6	7	100	60
紙	万丸		13	8.3		100	64
瀬戸物	万俵		1	0.3		100	30
畳表			減少なし				
銑	万束		2.4-2.5	1.84		100	75
鉄	万束		2	0.83		100	42
藍	万俵	2.12	4	4.222	53	100	106
石	貫		200	130		100	65
吹銅	万斤	305	100	48.98	305	100	49
獣皮	万枚		10	7.18		100	72

〔出所〕安岡重明『日本資本制の成立過程』ミネルヴァ書房、1970年、62頁。
（注）空欄は不明。

(2) 大坂経済の衰退

江戸中期からの衰退

　大坂経済は、元禄期に最盛期を迎え、それまでに鴻池のような富豪はめざましく成長し、文化面でも井原西鶴（1642-93年）、近松門左衛門（1653-1725年）などの巨人が出現した。ところが、徳川吉宗（1684-1751年）が将軍であった享保期（1716-1736年）以降、大商家の資産の伸びは鈍化し、すでに触れた地子銭免除のころ27万人、その後増加して1760（宝暦10）年ごろ40万人となった大坂市中の人口も、梅田や難波の南という当時の農村地帯への人口移動が増えた事実も考慮する必要はあるにせよ、明治維新頃には30万人弱に減少していた。

　その背後には大坂経済の構造変化があったのであり、それはモノ、カネ両面で認められる。まずモノについては、遅くとも19世紀初めには大坂に集まる物資が減少していた（表1-1）。その背景には、西日本各地で農村工業が盛んになるにつれて、各藩が大坂に運ぶ途中で物産を売ってしまったこと（途中売）、各藩が財政窮乏を打開するために藩専売を開始し、姫路藩の木綿専売にみられるように大坂を経由せず直接江戸に物産を送るようになったこと、江戸周辺で18世紀後半から19世紀にかけていわゆる地廻り経済圏（銚子・野田の醤油、流山の味醂、行徳の塩、八王子や両毛地方の絹織物、真岡の白木綿、行田の足袋、八王子の石灰など。上方から搬入される上等な「下り物」と区別された）が展開し、大消費地江戸における自給化が進んだことなどがあげられよう（37頁図参照）。和泉国（現大阪府南部）で堺の問屋による繰綿の買叩きに対抗して、多数の棉作農民が自由販売を要求し、農民側が勝った国訴も、大坂への繰綿の集荷を減らした点で大坂の地盤沈下を加速した。19世紀には前記の天保の改革以前にすでに株仲間の規制が、かなり弛緩していたのである。

　金融面でも大坂では大名貸の返済が進まなくなるという変化が江戸中期に発生し、それが鴻池などの両替商の停滞をもたらした。商品販売代金の回収も滞りがちになり、大坂の江戸に対する貸越は次第に増加して、文化期以来天保期までという

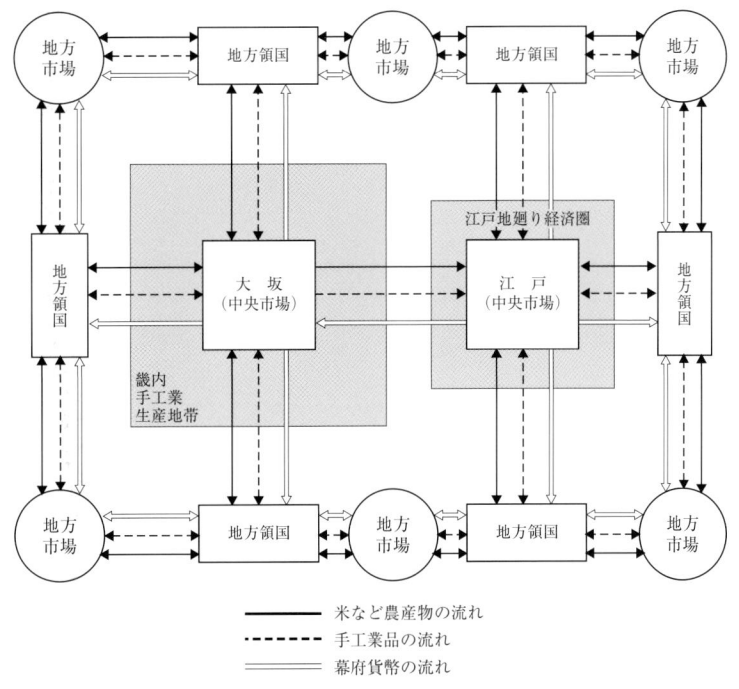

徳川経済の地域間循環構造 (2)
〔出所〕宮本又郎・上村雅洋「徳川経済の循環構造」(速水融・宮本又郎編『日本経済史1　経済社会の成立　17〜18世紀』岩波書店、1989年、第6章) 285頁。

凡例：
―――― 米など農産物の流れ
------ 手工業品の流れ
＝＝＝＝ 幕府貨幣の流れ

から1804-42年に16万4000貫もの貸付け、今日流にいえば巨額の不良債権が記録された。

幕末・維新の危機

以上のように江戸中期から大阪経済には構造的というべき衰退が徐々に進んでいたが、幕末・維新期には、徳川幕府及び明治新政府によって両替商などの富豪に課せられた巨額の御用金（強制的な公債）、1868（明治元）年5月の明治政府による銀目停止の断行、廃藩置県が断行された1871年7月から進められた政府による蔵屋敷の没収、明治初年における各地の株仲間の解放、1871年7月に実施された藩債の切捨てという、衰退に拍車をかける事件が相次いだ。

江戸後期以降、幕末・維新期まで続いた大坂経済の衰退には新旧の富豪の交替が伴った。宮本又郎大阪大学名誉教授は各種の「長者番付」や「資産家人名録」を活用してこの点を深く考察した。同教授は①1849（嘉永2）年に関する表1-2と類似の表を②1864（文久4）、③1875（明治8）、④1888（同21）、⑤1902（同35）の各年について作成し、それらのデータを詳細に分析した。その結果によれば、①から⑤までのすべての時期を通じて大阪の富豪の家数が総計中に占める比率は、低下傾向を辿ってはいるものの3分の1ないし4分の1にのぼる。さらに上記の5期に関する各表に登場し、20世紀初頭まで生き延びた大阪の富豪を整理した表1-3によって彼らが、経済変動のなかでどの程度生きながらえたかを見れば、まず全期を通じて登場する江戸期以来の大阪の富豪は、7家すべてが江戸期における著名な両替商であった。続いて②期以降に登場し最後の⑤期まで残った者をあげれば、幕末に登場した富豪は2家、明治維新期に出現した富豪はわずか1家であった。これは当時台頭した富豪が後々まで生き延びるのがきわめて困難であったことを明瞭に示している。彼らとは対照的に1880年代後半（明治20年代前半）の企業勃興期に登場した富豪では14名が、その後の工業化期まで生き延びた。最近の研究でしばしば強調される幕末・維新期の新商人の台頭は大阪では顕著ではなく、両替商をはじめとする江戸時代以来の伝統的商人の生命力の強さがむしろ注目

表1-2 日本全国の富豪 1849（嘉永2）年（上位102名）

ランク	地名	名　前	ランク	地名	名　前
行司	伊勢	野間因幡	前頭	大坂	茨屋安右衛門
行司	江戸	石橋弥兵衛	前頭	大坂	住友吉次郎
行司	桑名	山田彦右衛門	前頭	大坂	油屋彦三郎
行司	熊野	白　覚右衛門	前頭	大坂	平野屋五兵衛
行司	尾州	神戸文左衛門	前頭	江戸	伊勢屋四郎左衛門
行司	小田原	虎谷伊織	前頭	大坂	加島屋治兵衛
行司	柏原	亀屋依右衛門	前頭	江戸	鹿島清兵衛
行司	ナダ	菊谷治右衛門	前頭	大坂	塩屋市兵衛
行司	高岡	猪並又助	前頭	名古屋	伊藤治郎右衛門
行司	イヨ	西条藤吉屋	前頭	大坂	加島屋市兵衛
行司	エチゴ	倉石安之介	前頭	越前	花倉與三右衛門
行司	尾州	長尾四郎左衛門	前頭	防州	熊野屋五郎右衛門
行司	アハ	北源内	前頭	大坂	山家屋権兵衛
行司		鳥居新五右衛門	前頭	大坂	島屋市兵衛
行司	名古屋	十一屋庄兵衛	前頭	肥前	松島與五郎
行司	江戸	鴻池儀兵衛	前頭	大坂	近江屋半右衛門
行司	伊勢	田畑屋次郎右衛門	前頭	大坂	加島十郎兵衛
行司	紀伊	須原角兵衛	前頭	周防	磯部儀助
行司	大坂	平野屋五兵衛	前頭	大坂	加島屋作次郎
行司	和泉	飯野佐太郎	前頭	南部	出村五兵衛
大関	大阪	鴻池善右衛門	前頭	長州	呼子屋甚六
大関	伊勢	三井八郎右衛門	前頭	高松	揚　小四郎
関脇	大坂	鹿嶋屋久右衛門	前頭	京	島本三郎九郎
関脇	大坂	天王寺屋五兵衛	前頭	近江	西沢忠左衛門
小結	大坂	米屋平右衛門	前頭	阿波	米津屋兵治郎
小結	大坂	辰巳屋弥吉	前頭	京	蛭子屋八郎右衛門
前頭	出羽	本間主勝	前頭	出雲	田辺屋庄右衛門
前頭	津軽	吉尾甚助	前頭	大坂	播磨屋仁兵衛
前頭	江戸	三谷三九郎	前頭	大坂	平野屋仁兵衛
前頭	大坂	加島屋作兵衛	前頭	阿波	松浦九兵衛
前頭	加賀	木屋藤右衛門	前頭	紀伊	才田屋傅兵衛
前頭	紀伊	濱中八郎右衛門	前頭	大坂	米屋伊太郎
前頭	江戸	白木屋彦太郎	前頭	江州	猫田冨士崎
前頭	大坂	鴻池庄兵衛	前頭	大坂	平野屋四郎五郎
前頭	讃岐	天野助九郎	前頭	アキ	加計八右衛門
前頭	平戸	増冨又右衛門	前頭	肥後	出井忠左衛門
前頭	大坂	鴻池善五郎	前頭	土佐	小田清左衛門
前頭	備中	井筒屋伊右衛門	前頭	大坂	近江屋休兵衛
前頭	大坂	千草屋宗十郎	前頭	大坂	雑喉屋三郎兵衛
前頭	大坂	炭屋安兵衛	前頭	紀州	垣内孫左衛門
前頭	大坂	鴻池又右衛門	前頭	京	大和屋庄右衛門
前頭	堺	湊　太左衛門	前頭	大坂	枡屋平兵衛
前頭	大坂	米屋喜兵衛	前頭	ミノ	入江新助
前頭	京	下村庄太郎	前頭	兵庫	北風重兵衛
前頭	近江	安武太左衛門	前頭	大坂	助松屋仁兵衛
前頭	岐阜	丹波屋與三右衛門	前頭	ミノ	野田仙次
前頭	大坂	鴻池市兵衛	前頭	キイ	北村角兵衛
前頭	京	岩城徳右衛門	前頭	京	伊豆蔵吉右衛門
前頭	松前	小津清右衛門	前頭	大坂	加島清右衛門
前頭	日野	中井源三郎	前頭	江州	白木屋九右衛門
前頭	江戸	仙波太郎兵衛	前頭	ブンゴ	土井仁右衛門

〔出所〕宮本又郎『日本の近代11　企業家たちの挑戦』中央公論新社、1999年。

表 1-3　大阪の富豪の盛衰

事業継続期間	氏　名	活　動　等
① 1849（嘉永 2）年以降継続	鴻池　善右衛門	両替商。次章参照。
	住友　吉左衛門	屋号は泉屋。産銅業、両替商。次章参照。
	広岡　久右衛門	屋号は加島屋（加久）。両替商。近代には大同生命のオーナー。
	平瀬　亀之助	屋号は千草屋。両替商。
	和田　久左衛門	屋号は辰巳屋。炭問屋、廻船問屋両替商。市岡新田を開発。
	石崎　喜兵衛	屋号は米屋（米喜）。清酒醸造業、両替商。
	殿村　平右衛門	屋号は米屋（米平）。両替商。
② 1864（文久 4）年以降継続	鴻池　新十郎	鴻池家の有力な分家。
	白山　善五郎	屋号は炭屋。両替商。
③ 1875（明治 8）年以降継続	磯野　小右衛門	1825-1903年。堂島の米穀商であり、下関で行われていた先物取引を大阪に導入するというイノベーションを実現し、堂島米商会所頭取、大阪商工会議所会頭、大阪株式取引所頭取・理事長、大阪堂島米穀取引所理事長などを歴任したほか北浜銀行の創立にも関与。
④ 1888（明治21）年以降継続	伊藤　九兵衛	大阪屈指の洋反物商（屋号は羽州屋）。名古屋から毛布製造を移植し、大阪毛布製造会社を創立。
	岡橋　治助	1825-1913年。大和国〈現奈良県〉出身。船場の木綿商。第三十四国立銀行（のちの三和銀行の 1 母体）をはじめ天満紡績、日本紡績、日本綿花、河陽鉄道、大阪鉄道、日本共同銀行、日本生命、日本海陸保険、日本火災保険、帝国物産など多くの近代企業の創立・経営に関与。
	金沢　仁兵衛	1847-99年。徳島出身。靱の米穀・肥料商。第四十二国立銀行、平野紡績、大阪商船、日本綿花、日本紡績などの諸会社を創立・経営。
	逸見　佐兵衛	播州飾磨城主別所氏の家老から両替商に転換。
	木原　忠兵衛	1853-1918年。安土町の両替商（屋号は銭屋）。木原銀行と日本中立銀行を創立しそれらの頭取。
	木村　権右衛門	1849-1914年。「猪飼野(いかいの)の長者」と呼ばれた資産家。1898年木村銀行を創立・経営。
	芝川　又右衛門	1853-1938年。父祖の代からの貿易業が1876年頃に破綻したのち、村山龍平（⑤期に登場する大阪の富豪。のちの朝日新聞社社長）と共同でランプ口製造のパイオニア三平舎を創立し成功。以後、漆器製造、植林、果樹栽培、ぶどう酒製造等に進出。
	瀬尾　喜兵衛	綿布商。
	豊田　卯左衛門	1852-?年。金融業者。
	広瀬　宰平	1828-1914年。近江国〈現滋賀県〉出身。住友家中興の祖。八弘社を創立して火葬式葬儀を広め、五代友厚らと組んで大阪商法会議所、大阪株式取引所、硫酸製造、関西貿易商会、大阪製銅、大阪商船の各社の創設にも貢献。次章も参照。
	藤田　伝三郎	1841-1912年。長州萩の酒造業者出身。幕末に尊王攘夷運動に参加し、高杉晋作の奇兵隊にも身を投じた。そうした前歴を活用した「政商」として知られ、明治初期には長州藩から払下げられた銃砲・弾丸の販売、軍靴の製造、西南戦争時の輜重用達などによって蓄財。1884年秋田県の官営小坂鉱山を払下げられたのち鉱山経営に力を注ぐようになり、児島湾の干拓、大阪築港なども推進したほか、大阪紡績や阪堺鉄道（日本鉄道会社に次ぐ 2 番目の民間鉄道で、初の都市近郊私鉄ともいわれる。現南海電鉄）をはじめ硫酸製造、大湖汽船、山陽鉄道など多数の近代企業の創立・経営に関係。
	政岡　徳兵衛	地主。
	松本　重太郎	1844-1913年。丹後国〈現京都府〉出身。明治初期に軍人・巡査の制服用のラシャの取引等で蓄財。1878年高麗橋に第百三十国立銀行を創立後、明治銀行、阪堺鉄道、山陽鉄道、浪速鉄道、七尾鉄道、大阪麦酒（朝日ビールの前身）、大阪紡績、堂島紡績、日本製糖、日本教育生命保険など多数の会社の創立・経営に関与したが、1904年百三十銀行の経営破綻により失脚。
	山口　吉郎兵衛	屋号は布屋。1863（文久 3）年開業の両替商。第百四十八国立銀行（山口銀行。のちの三和銀行の 1 母体）を創立・経営。

〔出所〕阿部武司『近代大阪経済史』大阪大学出版会、2006年。
（注）⑤期の1902（明治35）年まで生き延びた富豪の一覧表である。

される。

　他方、企業勃興期の大阪には新興の企業家が各地から多数集まり、彼らが近代企業に積極的に投資するようになった。表1-3に登場する企業家中、岡橋治助、金沢仁兵衛、藤田伝三郎、松本重太郎らがその典型であり、彼らはしばしば伝統的な家業を営み、そのかたわら多数の会社企業に出資し、大株主となったがゆえにそれらの重役を兼ねるようになった。いわゆる兼任重役であるが、多忙な彼らが近代的なマネジメントに精通するのは極めて難しく、実際の企業経営は、近代的な高等教育を受けるようになった雇用経営者に委ねられた。会社が高収益をあげて配当収入や高株価を彼らが享受できる限り問題は生じなかったものの、不況が到来して配当が減り株価が下がると兼任重役たちは雇用経営者を糾弾し、会社の閉鎖や売却を平気で行った。今日の世界で広く見出されるようになった株主の優位が第1次世界大戦前の日本でも存在していたのであり、戦後の日本企業についてしばしば指摘されてきた経営者支配はのちに形成されていったのである。20世紀初頭の不況期に弱小紡績会社が、鐘紡や大阪合同紡などの大手企業に次々と吸収合併されていったこと、幹線鉄道が日露戦後に国有化されたが、それ以前から鉄道会社では不況のたびに国有化論が登場していたことなどは、上記のコーポレート・ガヴァナンス（企業統治）のあり方を抜きには理解できないであろう。

舎密局址の碑（大阪市中央区）

(3) 大阪経済の復興と五代友厚

明治新政権と大阪

　1765（明和2）年に41万9,868人であった大阪市中の人口は、1868（明治元）年にすでに28万1,306人に減っていたが、1872年には25万9,986人へとさらに減少していた。その後の人口は1877年28万1,119人、1882年33万2,425人と増加に転じ、1887年には42万6,846人と、江戸時代中期の水準を超えた。これらの数値から、すでにみた通り江戸中期以降、とりわけ幕末・維新期に大阪の衰退が甚だしかったこと、しかしながら、明治中期には大阪が昔日の輝きを取り戻したことが明らかであろう。

　明治政府は東京を首都としたが、大阪の重要性を否定していたわけではない。維新期にはそもそも大阪遷都論があった。とくに大阪の財力に着目していた大久保利通（1830-78年）は都を京都から大阪に移すことに一時熱心で、そのため1868（慶応4）年4月から7月まで明治天皇（1852-1912年）は大阪に行幸している。しかし、前島密（ひそか）（1835-1919年）の東京遷都がまもなく有力となり、同年秋、いわゆる車駕東幸が実現したのである。

　江戸幕府が開成所（東京大学の前身）内に設置する予定であった理化学校を政府は大阪に移し、1869年5月に舎密（せいみ）局を開校した（名称はその後たびたび変わるが、略）。そこではオランダ人ハラタマ（K.W.Gratama、1831-88年）によって理化学の講義がなされ、タカジアスターゼの発見、副腎ホルモン・アドレナリンの結晶化などの世界的業績をあげた高峰譲吉（1854-1922年）も17歳のころ舎密局で学んでいる。舎密局における理化学教育は1872年までの短期間で終わり、その後普通高等教育に変わり1889年京都の第三高等学校（第2次世界大戦後、京都大学に吸収）につながる。現在、NHK近くの馬場町の西へ入った北側の楠の木の下には舎密局跡の碑がある。

　1871（明治4）年2月には淀川に面した大阪川崎の地に大蔵省造幣寮（77年造幣局と改称）が開業した。当時としては世界最大規模の造幣局であったそこには、長崎在留の英国人商人グラバー（T. Glover、1838-1911年）の仲介で輸入された香港造

適塾（大阪市中央区）

幣局の中古造幣機械が設置され、当時アジアに進出していた英国の銀行オリエンタル・バンクを介して元香港造幣局長キンドル（T.W.Kinder）、硫酸製造局小頭フィンチ（R.Finch）、化学兼冶金師ガウランド（W.Gowland）などが以後約10年間雇用された。初期の造幣局は、これらのお雇い外国人の指導下で貨幣のほか基礎的原料である硫酸・晒粉・ソーダ等も製造し、近代的化学工業の発展をリードした。たとえば、貨幣鋳造用の金銀を分析し精製するには硫酸が不可欠であったが、造幣局が有していたその製造技術は、硫酸製造会社（1879年設立）、硫曹製造会社（1885年設立）、大阪硫曹会社（1891年設立）などに継承された。

さらに、適塾で学んだ日本陸軍の創始者大村益次郎（1824-69年）によって大阪は軍事拠点の1つと位置付けられたが、1870年には大阪城に旧幕府の長崎製鉄所（造船所）の機械と職工が移され、それらが母体となって1879年には火砲の製造と修理を目的とする大阪砲兵工廠が現在の大阪ビジネスパーク（OBP）の地に設けられ、終戦直前まで存続した。

若き日の五代

これらの施策をもってしても幕末・維新期に衰退しきっていた大阪経済の復興は不可能であり、五代友厚の活躍が重要な意味を持つことになった。五代は1835（天保6）年薩摩国鹿児島郡（現鹿児島県鹿児島市）に生まれた。父は藩の儒臣で町奉行を兼ねていた。1857（安政4）年、藩命で長崎に留学し、幕府の海軍伝習所で学び勝海舟の知遇を得た。五代は通算9年間を過ごした長崎で、坂本龍馬、大久保利通、西郷隆盛、木戸孝允、高杉晋作、井上馨、伊藤博文などの志士、蘭方医松本良順、イギリス商人グラバーらと交流して人脈を広げた。1862（文久2）年、藩主の密命により中国上海に2度にわたり密航し、藩の外国船購入を果たした五代は、この頃世界の大勢を知って開港論者となった。

1863（文久3）年薩英戦争で敗北した薩摩（鹿児島）藩は開国論に傾き、近代的軍備の必要性を認識したが、この時松木弘安（1832-93年、のちの寺島宗則）とともに英艦隊との交渉にあたった五代は捕虜として横浜に拉致された。翌年、五代らの帰藩を許した藩は、1865（慶応元）年五代と松木に、森有礼（1847-89年）を含む留学生等19名を引率させてイギリスに派遣した。五代はそこで外

大阪商工会議所前の五代友厚像（大阪市中央区）

務省や海軍の最高幹部に会見し、産業革命を経て大工業都市となっていたマンチェスターやバーミンガムを訪れ、藩のために紡績機械（日本初の洋式紡績工場となった藩営鹿児島紡績所に据付けられた）、小銃等を購入し、ベルギーでも同国人と貿易商社の設立契約を結んだ。この旅行中に五代は富国強兵、殖産興業の必要性を痛感し、商社の設立、綿紡績業の育成、蚕卵紙の輸出などの必要性を主張した建言書18か条を藩主に送った。翌1866年の帰国後には勝手方御用人席外国掛に任じられ、外国貿易の推進、それに関連する薩長合弁商社設立の計画（未実現）、長崎小菅修船場（ともに幕営の長崎鎔鉄所、横須賀製鉄所に続く近代的造船所）の建設等を行った。

　1868（慶応4・明治元）年、五代は新政府の役人として大阪と関わるようになった。大阪着任直後に五代はフランス水兵と土佐藩士との間に生じた堺事件などの外交事件の善後処理に手腕を発揮した。大阪の開市（1868年1月）・開港（同年9月）の実施にあたっても、開港規則の制定や港湾の整備に辣腕を振るい、密輸や不正外国人商人を厳密に取締まった。1868年夏には三岡八郎（1829-1909年、由利公正）とともに大阪造幣所（1869年設置の造幣局の前身）設置に奔走し、旧友グラバーに依頼して香港からイギリス造幣局の中古機械を購入した。1869年になり、新政府が大阪に通商会社および為替会社を設立した際にも、それに消極的であった大阪の有力両替商の説得に尽力した。こうして大阪財界の五代に対する信頼は高まっていった。

大阪への定住とビジネスの開始

　五代は1869年5月に突然、会計官権判事として横浜転勤を命じられた。この措置に対して大阪では官民をあげて五代の大阪留任を嘆願し、彼はそれに応えて同年7月官を辞して下野し大阪に居を構えて、そこでの活動を決意した。1870年、薩摩藩に命じられて、同藩が新設した堺紡績所の運営を担当するかたわら、以前、造幣所に関与した関係から、1869年10月、西成郡今宮村（のち大阪市西成区）に金銀分析所を開設し、当時大量に出まわっていた各藩の贋金を含む古金銀を買い集めて分析・評価し、時価で金銀を大蔵省造幣寮（1869年5月設置の造幣局が同年7月新設の大蔵省に編入され造幣寮と改称）に納入して巨万の富を得たという。

　五代は次に、金属鉱山の経営に進出し、大和国（現奈良県）吉野郡の天和・赤倉・栃尾の各銅山、

大阪、北浜花外楼で開かれた「大阪会議」の図（大阪商工会議所所蔵、五代友厚の生涯を描いた錦絵より）

岩代国（現福島県）伊達郡の半田銀山など全国26か所の鉱山を収得し、1873年にのちの大阪市北区に弘成館を、翌年東京築地入船町に東弘成館を設置（大阪弘成館は西弘成館と改称）して鉱山事業を統括した。ところで、江戸時代には阿波（現徳島県）などで染料用の藍の生産が盛んだったが、幕末の開港後、インド藍の流入により在来の藍製造は苦境に陥った。五代は徳島や大阪に製藍工場を設け、そこに外国技術を導入し、1876年にのちの大阪市北区堂島浜通に藍の製造・販売の拠点として朝陽館を設置して、東京築地三田綱町にも東朝陽館を置いた。朝陽館への出資の大部分は五代が負担したようだが、その経営は長崎時代からの友人が助けた。ただし、朝陽館の運営は失敗に終わった。〈図4〉は、のちにふれるように五代と深いかかわりのあった同郷の政治家大久保利通が五代に与えた朝陽館の揮毫である。五代はそのほか1870年に大阪で最初の活版印刷所の大阪活版所を元長崎通詞本木昌造（1824-75年）との共同事業として開設している。

大阪経済の組織化

明治初期に会社企業は少なかったが、五代は東京馬車鉄道（1880年創立。以下同様）、大阪製銅（1881年。日本初の近代的民間伸銅工場といわれ、のち住友伸銅場中之島分工場）、大阪商船（1884年）、阪堺鉄道（同年）、神戸桟橋（同年）といった当時のベンチャー的会社企業の設立も推進し、さらに大阪経済界の組織化を進めた。1869年に政府は江戸中期以来行われていた堂島米市場での先物取引を禁止し、その結果米穀取引に多大の混乱が生じたが、それに対処すべく五代は田中市兵衛、土居通夫、鴻池善右衛門、三井元之助、磯野小右衛門らと図って1876年に株式会社組織の大阪堂島米商会所（1893年株式会社大阪堂島米穀取引所と改称）を再建した。五代はさらに、鴻池善右衛門、山口吉郎兵衛らとともに発起人となり、1878年に北浜に大阪株式取引所（現大阪証券取引所）を開設した。同年9月における大阪商法会議所の設立にも五代は中心的役割を果たした。株仲間の解放により大阪の商秩序の混乱が続いていたが、これを憂慮した五代が、中野梧一、藤田伝三郎、広瀬宰平らと協議して、同会議所を設立したのである。五代は初代会頭に選ばれ、死去するまでその任にあったが、大阪商法会議所はその間、大阪ないし日本の重要な財政経済問題についての施策を当局に建議・報

告し、株仲間解散以降の粗製濫造や商道徳の崩壊に対処するために商業仲間の設置運動を進めた。同会議所はその後、大阪商業会議所、さらに大阪商工会議所と改称した。

　五代は1880年に大阪商業講習所（当初、私立、翌年大阪府立）の設立の中心人物ともなり、大阪の商家の子弟に近代的教育を施して新しい経済環境に適応させるよう図った。大阪商業講習所はその後、1889年大阪市立大阪商業学校、1901年大阪高等商業学校、1928年大阪商科大学、そして第2次世界大戦後に今日まで続く大阪市立大学経済・商両学部へと発展し、現在の「りそな銀行」や野村証券の創立者野村徳七（2代目。1878-1945年）、大阪市に中央公会堂を寄贈して自殺した相場師の岩本栄之助（1877-1916年）、日本綿花（現双日）社長の喜多又蔵（1872-1932年）、三井物産専務取締役の安川雄之助（1870-1944年）など多数の人材を輩出した。

「政商」五代

　五代は、同郷の大久保利通のブレインともなり、1875年には大久保が下野していた木戸孝允と板垣退助の政府への復帰を目的に設定し一応の成功をおさめた大阪会議の根回しを行った。大久保が1878年に凶刃に倒れたのちも五代と政府との関係は続き、大隈財政下で進んだ財政危機に対処すべく米納論を提起したりした。1881年に五代は藤田伝三郎や広瀬宰平らと対清および対北海道貿易を推進するため、自宅に近い大阪靱（うつぼ）北通に関西貿易商会を創立し総監となったが、この企業が彼の失脚につながった。1869年に北海道開発のため設置された開拓使を民間に払い下げる気運が1881年に生じた。開拓使長官であった薩摩出身の黒田清隆（1840-1900年）は建設整備に13年間に1400万円を投じたこの事業を関西貿易商会にわずか38万余円、無利息30か年賦で払い下げることを閣議に求め、天皇の裁可を得たところ、この機密情報が自由民権運動系の新聞で暴露され、政府は窮地に追い込まれた。右大臣岩倉具視、参議伊藤博文らは、払下げを中止して、1890年における国会開設の詔勅を出した反面、情報をリークしたとみなした大隈重信（1838-1922年）を政府から追放した。この明治14年の政変の影響で、もともと開拓使の官有物の払下げを目的に設立されたと推定される関西貿易商会が1883年に解散を余儀なくされたのはやむをえなかった。病を得た五代は1885年9月に東京築地で逝去し、大阪の阿倍野墓地に葬られた。

彼が政商的人物であった事実は否定できないであろう。しかし、五代なくして、その後の大阪経済界はなかったかもしれない。大阪商工会議所の敷地には五代没後ほどなく作成された彼の像が今日でも残されているが、北浜の大阪証券取引所の前にも近年、五代の新しい銅像が飾られるようになった。〈図5〉は、以上の五代の生涯を示す連作絵画である。

（阿部武司）

住友銅吹所跡の碑
（大阪市中央区）

Ⅱ　住友と鴻池

　江戸時代の大坂の大富豪のうち明治期以降も存続できた家は少ないが、住友、鴻池両家はその代表であり、近代でも重要な存在であり続けた。江戸時代に産銅業と金融業を営んでいた住友では、幕末には両産業とも不振を極めていたが、ドル箱であった別子銅山が明治維新期に新政府に没収されそうになった際、その危機を政治力で乗り切った広瀬宰平（1828-1914年）が、以後別子銅山の近代化を進め、その他の事業も手掛けるようになった。しかし、彼の独裁は内部からの批判を招いて引退を余儀なくされ、そのあと第2代総理事に就任した伊庭貞剛（1847-1926年）は別子銅山の事業の発展を図るとともに、住友銀行を発展させ、また住友伸銅場や住友鋳鋼場を創設して住友の工業化を本格的に進めた。

　酒造業から出発した鴻池の事業は、江戸初期に海運、米穀取引、両替と拡大していったが、17世紀後半には両替業なかんずく大名貸に特化していき、岡山藩など西日本諸藩の財政と深く関連するようになった。18世紀半ば頃まで大名貸は十分な収益をもたらしたものの、享保期以降の大坂経済の衰退と並行して、鴻池の資産の伸びは鈍化し、利益率も低下していくなかでその経営は保守化していった。明治期にも鴻池は大富豪の座を維持し、第十三国立銀行およびその後身の鴻池銀行などいくつかの近代的企業を経営し続けたものの、雇用経営者原田二郎（1849-1930年）のリスクを極端に回避する路線も影響して、鴻池の事業は、住友の場合とは対照的に消極性および保守性を特色とするようになった。鴻池銀行が一母体となって1933年には三和銀行が成立するが、合併時に同行は、他の母体であった三十四、山口の両銀行と預金額などに関して大差をつけられていた。

江戸時代に隆盛を誇った大坂の大富豪で明治期以降も存続できた家は少ないが、それらのうち住友、鴻池両家は近代でも重要な存在であり続けた。大阪の財閥といえば、まず名前があがる住友は、今日まで続く数々の重要な企業を創出したのみならず、すぐれた近代的雇用経営者を多数輩出し、のちにみるようにフィランソロピーの面でも多くの遺産を残した。

(1) 住友

　江戸幕府成立前後から銅の採掘・精錬・輸出に従事していた住友は、1691（元禄4）年に開坑した伊予国（現愛媛県）別子銅山から大量の銅鉱石を獲得し、大坂市中でも数軒の銅吹所（精錬所）を経営するようになった。1662（寛文2）年には大坂今橋で両替業にも進出し、1684（貞享元）〜1743（寛保3）年の中断ののち、大坂のほか江戸で札差（旗本・御家人を対象とする金融業者）および両替商として活躍した。しかしながら、幕末には鉱山では遠町深鋪（薪炭・坑木を採取する山が遠くなり、採掘が進むにつれて坑道が深く離れていくこと）、金融では大名貸のこげつきによってともに危機に瀕していた。その中で、1868（慶応4）年1月、別子銅山が官軍土佐藩の川田右衛門（1836-96年。のち小一郎。三菱財閥の基礎を固めるのに貢献したあと日本銀行総裁）らによって差し押さえられた。住友家で幼い頃からたたき上げで鍛えられてきた銅山総支配人広瀬宰平（1828-1914年）は、天領である別子銅山を住友家が請負ってきた事情を川田や新政府の実力者岩倉具視に懸命になって説得し、その継続を認めさせた。

　住友家中興の祖となった広瀬は明治期に入り、火薬を使用し、お雇い外国人技師ラロック（L. Larroque、1836-83年）を雇用して東延斜坑の開鑿、新居浜惣開における洋式精錬所の建設、銅山と惣開を結ぶ新しい運搬路の建設、小足谷疏水道の開鑿など別子の近代化を実現し、ラロックに代わる日本人鉱山技師の養成を図った。広瀬はさらに、

貿易、海運、並合（商品を担保とする金融）、福岡県筑豊の石炭採掘、製糸や樟脳の製造など様々な分野にも住友家の事業を拡大し、1884年の大阪商船会社の設立も推進した。1882年には家法を制定し、1891年それを改訂増補して家憲と家法に分けた。

しかし、広瀬の独裁に対する批判が住友内部で次第に高まり、彼は1894年に総理人からの引退を余儀なくされ、住友家第2代総理事には彼の甥で裁判官出身の伊庭貞剛（1947-1926年。近江国〈現滋賀県〉出身）が就任した。伊庭は煙害対策に悩まされつつも別子の事業を拡充し、住友銀行を発展させ、住友伸銅場や住友鋳鋼場を創設して住友の工業化を本格的に進めた。

住友家では1890年に13代家長の吉左衛門友忠が死去したのち、嗣子がなく12代家長友親の未亡人登久が14代家長となっていたが、伊庭は広瀬と図り、1892年に京都の公家、徳大寺公純の六男で隆麿を住友家の養嗣子として迎え、翌年、隆麿は15代家長を継いで吉左衛門友純（1864-1926年。雅号は春翠）と改名した。友純は有力政治家西園寺公望（1849-1940年）の実弟であった。伊庭総理事の時代以降、住友は、これからみる鴻池とは対照的に隆々たる発展を遂げていき、第1次世界大戦後には、三井、三菱には及ばないものの、それらに続く財閥として広く知られるようになる。

〈図6〉は住友財閥の1つの柱であった住友銀行（現三井住友銀行）のポスターである。住友家の金融業は幕末には衰退していたが、明治初年の1873-74年に前記の並合業が始められ、広瀬の総理人在職中にはかなりの発展を遂げた。しかし、広瀬は銀行を嫌い、住友本店内に住友銀行（銀行部と称した）が開業したのは伊庭が総理事に就任した翌年の1895年のことであった。住友銀行はその後順調に成長し、1912年には住友家の事業中、初の株式会社となった。

鴻池稲荷祀碑拓本
鴻池家は伊丹が発祥の地で、酒造業によって現在の隆盛に至ったという由来を記したもの。 懐徳堂中井履軒撰並書
（懐徳堂記念会所蔵）

（2）鴻池

江戸初期の発展

　住友と同じく江戸時代以来の大富豪であった鴻池では、始祖山中新六（1570-1850年）が摂津国伊丹鴻池村（現兵庫県伊丹市）で酒造とくに上質の清酒を製造し、やがて大坂内久宝寺町にも店舗を構え、醸造した酒を江戸にまで販売するようになり、さらに酒のほか米などを江戸に運ぶ海運業に進出した。鴻池家には伊丹鴻池の本家、新六が築いた大坂店、彼の次男と三男が別個に設立した大坂店の4家ができた。そのうち本家は新六の七男新右衛門、新六の大坂店は八男の善右衛門正成（1608-93年）がそれぞれ継ぎ、この善右衛門家が鴻池一族中最も栄えた今橋鴻池家であり、幕末までに10代続き、今日も存続している。

　17世紀後半、江戸での酒の販売競争の激化を背景に、鴻池では酒の江戸積高が激減する反面、それに代わって米の取引に力を注ぐようになったが、この過程で鴻池は実際には未着の米を予想代価で購入し、現物取引の際、実際の価格との差額を決済するようになり、さらに、現物引渡しの際、鴻池が米の受取りを希望しなければ蔵屋敷が買い戻す、すなわち先納銀を返済する契約を結ぶようになった。鴻池はこうした商品取引から信用取引への転化という流れの中で、17世紀末からは商品取引から次第に手を引き、両替業に特化していった。

　鴻池は初代善右衛門正成が1656年に、大坂両替商の鼻祖天王寺屋五兵衛の指導を仰いで両替業に進出したが、幕府公金を扱い、帯刀町役免除の特権を認められた十人両替が1670年大坂で選ばれた際、天王寺屋や住友とともに鴻池善右衛門はその中に含まれていた。同年鴻池では、複式簿記の一種「算用帳」が作られ始め、それは日本の帳合法の歴史上画期的なものであった。1674年に鴻池は内久宝寺町から移って両替屋が集まりつつあった今橋2丁目に両替店を開き、以後、江戸―大坂間の為替を用いた送金や大名貸を盛んに行うようになった。

大名貸への転化

　鴻池は1637年ごろから大名貸を始めたといわれ

るが、それが史料上初めて確認されるのは1675年の姫路藩に対する銀100貫目であった。その頃から急速に大名貸に傾斜していき、1770年代以降は幕府関係の貸付も増え、90％近くが武家相手の貸付となった。最初に鴻池の掛屋となった藩は岡山藩であったが、元禄期に鴻池はすでに32藩と取引していた。1670-1870年に鴻池と1度でも取引をした藩は111藩だが、これは全国の大名「三百諸侯」の3分の1強であり、とくに西日本諸藩の財政と深く関連していた。鴻池の岡山藩との関わりはとくに深く、大名貸総計の20-40％に及び、18世紀末以降は60％以上にもなった。次で広島・徳島・高知の順であり、4藩計で1720年代までは50-60％、それ以降は80％以上に達した。鴻池の貸有銀に対する利子収入の比率は17世紀後半には10％以上と高かったが、その後は18世紀末1793-97年4％まで次第に低下していったものの、少なくとも18世紀半ばまで大名貸は、鴻池においては十分な収益をもたらした。なお、1704年の大和川の付替え工事ののち、旧大和川流域の湖沼や河川敷1,063町歩が新田として干拓されたが、鴻池家の新田は面積221町余りで最大規模であった。

　住友や三井と同様、享保期の1716-32年には家訓が制定されて家督相続、家産の運用、奉公人の待遇、町人たるものの生活規範などが詳しく規定され、家督を相続した当主であっても勝手なふるまいは許されず、連綿と続く家業のなかでのリレーランナーにすぎないという位置付けがなされている。

　18世紀以降の大名貸への特化を通じて鴻池では、特定の大名の財政の動揺を直接受ける体質ができてしまい、総資本利益率は時が経つにつれて低下するなかで鴻池の経営は保守化した。同家では貸付先の大名を「掛合控」なる帳簿で厳重に管理するようになり、安全な藩への選別融資が進められ、また幕府公金貸付など幕府権力の名を借りて大名の借金踏み倒しを避けるようになった。〈図8〉は「掛合控」の例である。

財閥化の挫折

　鴻池は幕末・維新期の政治には中立的立場をとり、政商的色彩は薄かった。幕末の開港時に設立された貿易商社の兵庫商社、1868（明治元）年の会計基立金300万両の募集、1869年の通商司による大阪通商会社・為替会社などにおいて鴻池は重要な役割を果たしたものの、三井や小野の貢献には

及ばなかった。明治期に入ると大阪の旧同業者と協力していくつかの団体を作り両替業の延命を図り、とくに1873年に大坂の両替商のほか、土佐藩出身の政治家で後藤象二郎（1838-97年）とその同志の竹内綱（1839-1922年。戦後の内閣総理大臣吉田茂の実父）、旧大名の上杉や蜂須賀らとともに設立した蓬莱社は、近代的株式会社の形をとっていたものの、業務の1つは、地租改正に関連する米の現金化、府県為替方、官金取扱など旧来の両替商業務の延長であり、これは旧商人が担当した。いま1つは製紙・製糖・炭坑（とくに高島炭坑）などの新ビジネスであり、後藤らが分担した。しかし鴻池等の旧商人は、元来の蔵元・掛屋的業務を続けたかったこと、そして、藩債処分を有利にしてもらうため後藤等と結びついておく必要があったことの2点から蓬莱社に参加したのであり、そもそもビジネスへの意欲が欠けていた。3年余りで同社が解散したのも不思議ではなかった。

　1876年における国立銀行条例改正の翌77年、鴻池は大阪今橋2丁目に第十三国立銀行を開業した。出資者は10代目善右衛門幸富（1841-1920年）ほか33名であり、全て鴻池の分家と別家のメンバーであった。株式会社の形式が採用されてはいたものの、実際には本家の個人企業であり、他の株主との間には主従関係が存在した。1879年に鴻池では分家・別家制が廃止され、第十三国立銀行の株式が分家・別家に分与されて、出資者には一定の権利が認められたものの、実態は江戸時代に見られた同族間の資本結合と変わらなかった。

　1882年に日本銀行が設立されたのち、1897年に満期終了となった同行は普通銀行鴻池銀行に改組され、元大蔵官僚の原田二郎（1849-1930年）が新たな経営者となったが、彼の銀行経営は支店の縮小、取引先の限定、預金収集の消極性など保守堅実を第一とする消極的なものにとどまり、そうした消極路線は第1次世界大戦期まで続いた。1933年12月に鴻池銀行は、大日本紡績社長で三十四銀行頭取を兼ねる菊地恭三（1859-1942年）のリーダーシップの下で、日本銀行の斡旋により三十四、山口の3行と合併して三和銀行となった。1899年当時、預金貸出金残高で鴻池銀行は三十四銀行とほぼ同じ、山口銀行の2倍程度だったが、1926年には三十四銀行の3分の1、山口銀行の半分にまで地位を下げていた。江戸時代の大富豪も、三和銀行ではもはや主導的地位にはなく、鴻池は住友とは異なって結局、財閥にはなれなかったのであ

る。〈図7〉・〈図9〉は鴻池銀行のポスターおよび文書である。

三和銀行の成立

　三和銀行は大阪の代表的3行の大合同により成立したが、鴻池銀行以外の2行の沿革を簡単に述べておこう。まず三十四銀行は、1878年に岡橋治助をはじめとする大阪市の呉服商たちによって第三十四国立銀行として設立され、1897年に普通銀行に転じた際に改称した。同行は、1897-1901年の不況期に百二十一銀行など4行を合併し、従来からの大阪市内と徳島県域の店舗に加え、植民地になってまもない台湾にも営業基盤を拡大した。岡橋に続いて小山健三（1858-1923年。文部官僚出身）、菊池恭三（前掲）という有能な経営者に恵まれた同行は、繊維関連企業への融資を積極的に行って昭和初期には住友銀行に次ぐ大阪の大銀行となったが、1930年における和歌山の第四十三銀行の合併が原因で、経営不振に陥っていた。

　次に、山口銀行は、江戸後期に台頭した洋反物商兼両替商の山口（布屋）吉郎兵衛家が1879年に設立した第百四十八国立銀行が1898年に普通銀行に転換したものであるが、三十四銀行の小山の場合に類似して、後年民政党の政治家として知られるようになる日本銀行出身の町田忠治（1863-1947年。のちに民政党総裁、国務大臣）を1899年に迎え、経営の近代化を進めた。1910年に町田が去った後にも山口銀行は多店舗主義・預金銀行主義を守り、船場の繊維問屋・商社を基盤に成長していったが、大口取引先であった岩井商店の苦境のあおりを受けて昭和初期には経営が振るわなくなっていた。

　上述の3行がそれぞれ問題を抱えていたがゆえに三和銀行は成立したのであった。〈図10〉は三和銀行のポスターおよび文書であり、〈図11〉は同行で使用されていた戦前期の銭箱である。

（阿部武司）

Ⅲ　大阪の工業化

久米邦武『特命全権大使米欧回覧実記』に
描かれた1872年ごろのマンチェスター
（『特命全権大使米欧回覧実記 二』岩波文庫、1978年より）

1906年ごろのマンチェスター
（The Archive Photographs Series *CENTRAL MANCHESTER*,
The Chalford Publishing Company, 1995 より）

　明治中期になると維新期の打撃から立ち直った大阪経済は紡績業、鉄道業などを中心に、日本の工業化の先頭に立つようになった。綿紡績業だけでなく、綿織物業やそれらを支える商社、銀行の活動と合わせて、大阪はいつしか「東洋のマンチェスター」と呼ばれるようになった。

　繊維産業に加え、第1次世界大戦期以降になると機械、金属、化学など重化学工業の躍進も著しく、さらに外貨獲得産業としては歯ブラシ、貝ボタン、琺瑯鉄器などの雑貨産業の役割も大きかった。

　産業発展を支えるインフラとして農商務省（商工省）所管大阪工業試験所、府立大阪商品陳列所、大阪府立産業能率研究所、大阪府立工業奨励館、大阪市立工業研究所などの公設試験研究機関が整備され、大阪高等工業学校（現在の大阪大学工学部）、府立・市立の職工学校・工業学校、私立の工業各種学校など、工業化を牽引する人材育成にも力が注がれた。

　大阪の実業家、企業家はフィランソロピー（社会貢献活動）にも熱心であった。住友家の15代当主・住友吉左衛門友純（春翠）だけでなく、山口玄洞、塩見政次らの活動も際立っており、新設の大阪帝国大学も大きな支援を受けた。

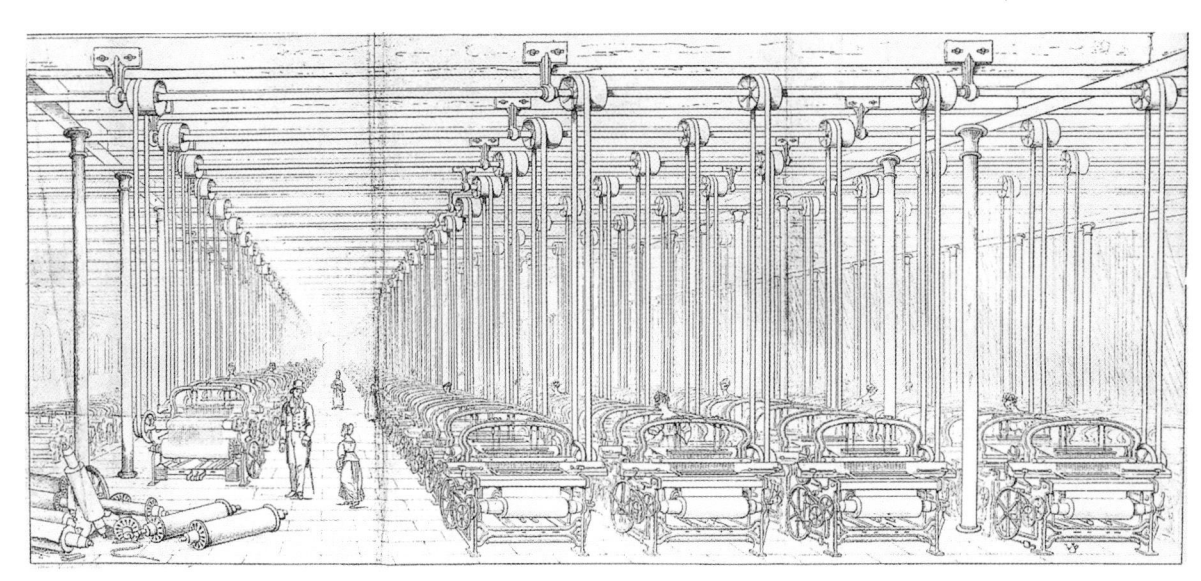

力織機（M.Williams & D.A.Farnie, *Cotton Mills in Greater Manchester*, Carnegie Publishing Ltd. 1992 より）

(1)「東洋のマンチェスター」

商都大阪を支えた諸産業の発展

　全国を北海道・東北・関東・北陸・東山（山梨・長野・岐阜）・東海・近畿・中国・四国・九州の10ブロックに分け、ブロック別生産額の全国構成比をみると、1874年では18.4％の近畿が第1位、次に関東の17.0％、中国の12.0％の順であり、半世紀後の1924年には前年の関東大震災の影響があるとはいえ、近畿22.6％、関東18.9％、九州11.7％であり、近畿はそのウエイトをさらに高めた。1874年の近畿は農林水畜産物・鉱産物を除くすべての工産物（紡織・金属・機械器具・窯業・化学・木材・印刷・食料品・その他）生産で首位を独占しており、1924年にいたっても機械器具と印刷の首位の座を関東に譲った以外は工産物生産において全国一の地位を維持した。明治初期において全国生産で突出した地位を占めた近畿は、明治・大正の工業化をへてその地位をさらに高めたのである。

　〈表3-1〉（85頁）は明治後期から戦時期にかけての京浜・阪神・中京の3大工業地帯の産業部門別内部構成をみたものである。阪神と京浜を比較すると、生産額・職工数においてたえず阪神が京浜を上回り、1939年の生産額において初めて両者の地位が逆転する。3大工業地帯の特質を要約すると、阪神は生産額・職工数ともに染織中心の構成を示し、機械金属工業の台頭は戦時期に入ってからであるのに対し、京浜は機械器具のウエイトが相対的に高く、1929年には生産額・職工数において染織を上回るにいたる。一方、中京は阪神以上に染織が突出した地位を維持し、戦時期に入って機械器具がその比重を一挙に高めたといえる。

東洋のマンチェスター

　1883年に開業した大阪紡績（のちの東洋紡績）は、イギリスのランカシャーで紡織技術を習得した山辺丈夫（やまのべたけお）（1851-1920年）の下で昼夜二交代制を採用し、多数の株主に配当を支払える成功をおさめた。大阪紡績の好成績が引き金となり、以後、天満紡、浪華紡、平野紡、摂津紡、金巾製織、岸和田紡、明治紡、日本紡などが続々と操業を開始する。こうした近代的な紡績業の発展を背景にして、日清

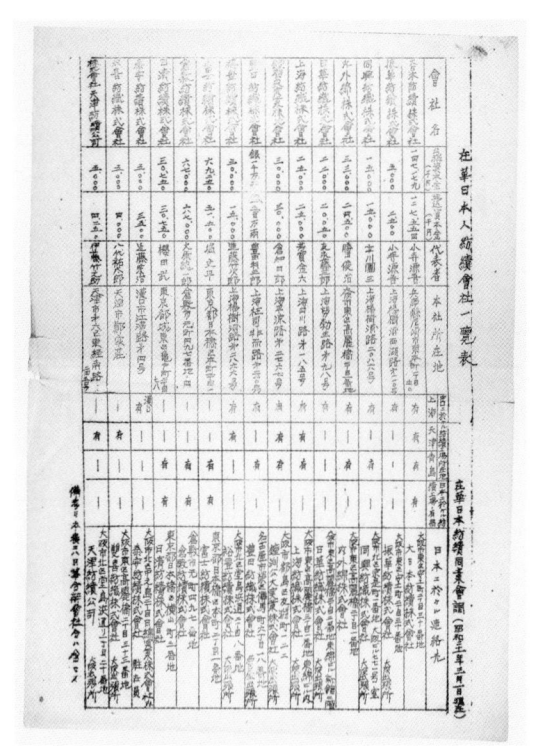

在華紡一覧表（1946年現在）

戦争の頃から大阪は「東洋のマンチェスター」、「日本のマンチェスター」と呼ばれるようになった。1914年の三重紡と大阪紡の合併によって東洋紡、18年の摂津紡と尼崎紡の合併によって大日本紡が成立し、両社は鐘紡とともに3大紡を構成した。

「東洋のマンチェスター」は市場経済のよく発達した、「資本主義精神」の横溢する都市でもあった。日本銀行大阪支店長の梶原仲治（1871-1939年。山形県生まれ、後に横浜正金銀行頭取、日本勧業銀行総裁）は「大阪人の特長としては、商事にかけては明かに関東者より数歩も数十歩も上である。殊に商品を安値に出来し、多く集めソシテ辛抱強い点に至つては関東者の決して及ぶ処でない」と高く評価する一方、「大阪人は余りに利にのみ敏くして、温い友情とか公共心とかに乏しい」と観察し、「東京や東北地方からも相当な人が来ても大阪人を導くにあらずして、大阪化してしまう者が多い」と指摘した。
（オーサカナイズ（原文））

紡績業や織物業の躍進を支えたのが綿花商社、繊維商社であった。内外綿は在華紡に転身するが、三綿と呼ばれた東洋棉花（1920年に三井物産より分離）、日本綿花、江商はインドでの奥地買付けを行い、綿花の輸入市場で大きな存在となり、綿糸布取引も活発に行った。三綿に伊藤忠、丸紅を加えて関西五綿と呼ばれ、それに続く中堅商社として船場八社（又一、岩田商事、丸永商店、田附商店、竹村綿業、竹中商店、豊島商店、八木商店）が有名であった。

戦前期から戦後の高度経済成長初期まで日本の基幹産業であった綿紡績業の急速な発展は各企業の経営努力もさることながら、同業者団体の紡績連合会（1882年創立。大日本綿糸紡績同業連合会、大日本紡績連合会と改称）の活動によるところが大きかった。当初技術者の交流や労働者の引き抜き防止に従事していた連合会は、19世紀にインド綿花の輸入を推進し、操業短縮（カルテル活動）を頻繁に実施して製品価格の安定に貢献し、また海外の様々な情報を収集した。

紡績企業の躍進

上図は1946年における在華紡績会社の一覧表である。在華紡とは、日本の紡績各社が、第1次世界大戦（1914-1918年）前後から上海・青島など中国大陸に設立した現地企業のことである。日本の海外直接投資を代表する在華紡は文学作品でもしばしば取り上げられたが、1925年の5.30事件を題材にした横光利一『上海』はとくに有名である。次頁の上にあるように木津川近くの西成郡三軒家村（現大阪市大正区）に設置され、1883年操業を開始した大阪紡績会社（現東洋紡）の三軒家工場は、それまでの紡績工場が通常紡機2000錘であったの

大阪紡績会社・三軒家工場（「大阪紡績会社三軒家工場俯瞰図」東洋紡績株式会社所蔵）

に対し、1万500錘という大規模で出発したが、松方デフレと呼ばれる大不況期にもかかわらず高配当を実現して、景気回復後の大規模紡績工場の勃興のパイオニアとなった。東洋紡績は綿糸布を国内のみならず世界各地に輸出し、第一次世界大戦後には世界的な規模に達した（図13参照）。

『マンチェスター・ガーディアン』紙と日本綿業

〈図12下〉は日本特集を組んだ『マンチェスター・ガーディアン』紙（*The Manchester Guardian*）［1921年6月9日号］に掲載された喜多又蔵（1877-1932年。日本綿花株式会社社長）の「大阪とマンチェスター：綿業協商への祈り」と題する記事である。記事の中で喜多は、「偉大なイギリス綿業は日本綿業の乳母」であり、大阪に機械と技術者を提供することで現在の「東洋のマンチェスター」の成長を助けたとし、最後にイギリスと日本の政治の中心であるロンドンと東京同様に、マンチェスターと大阪がより緊密な関係を構築することで、両国の政治的友好関係はさらに深まると結んだ。喜多は大阪市立商業学校卒業後日本綿花に入り、中国、インド、エジプトなどで綿花買付け、綿糸販売に従事し、17年に同社社長に就任する。第1次世界大戦後のパリ講和会議に実業界代表として参加し、東洋棉花の児玉一造（1881-1930年）と並ぶ綿花商社の代表的経営者であった。

戦間期の『マンチェスター・ガーディアン』紙は、イギリス綿業の強力なライバルである日本綿業の動向に注目していた。1926～28年にロンドン・スクール・オブ・エコノミックス・アンド・ポリティカル・サイエンス（通称：LSE）で奨学金研究員に採用され、衰退過程に入りつつあったランカシャー綿業と極東諸国との競争という研究テーマを与えられたフリーダ・アトリー（Freda Utley、1898-1978年）が1928年に来日した。アトリーは『マンチェスター・ガーディアン』紙と日本綿業について寄稿する契約を結んでおり、同紙特派員の肩書を利用して日本各地を調査し、その成果を同紙の『商業付録』（*Commercial Supplement*）に長文で連載し、これがLSE時代の研究成果と合わさって1931年にAllen & Unwin社から『ランカシャーと極東』（*Lancashire and the Far East*）として刊行された。日本綿業に関する第一級の研究書である本書は、フレダ・アットレー（中野忠夫・石田靖二共訳）『極東に於ける綿業』（叢文閣、1936年）として翻訳された。

大阪築港（『大阪市大観』1925年刊より）

(2) 重化学工業化

重化学工業化の進展

〈表3-1〉（85頁）にあるように阪神工業地帯は染織の比重が大きかったとはいえ、1909年と1919年を比較するとよく分かるように、第1次世界大戦による大戦ブームによって大阪の機械器具、金属、化学工業といった重化学工業も大きく躍進した。1870年には大阪城に旧幕営工場であった長崎製鉄所の設備と労働者が移され、それらを母体にして79年に火砲生産を行う大阪砲兵工廠が現在の大阪ビジネスパーク（OBP）の地に設けられた。大阪砲兵工廠で技術を習得した人々は次々に独立して工場を開業し、大阪の機械器具工業のすそ野を拡大していったが、その中には大阪金属工業所（のちのダイキン工業）の創業者山田晃（1884-1973年）もいた。

大阪における近代的造船業のルーツの一つに、1881年にイギリス人のハンター（E. H. Hunter、1843-1917年）によって設立された大阪鉄工所（1943年に日立造船に社名変更）がある。大阪には江戸時代から安治川・木津川沿いに造船所が集まり、藤永田造船所は元禄期の創業であり、佐野安船渠（1911年創業）、名村造船所（同年創業）も中堅の造船所として有名であった。関西の数多くの海運業者の中では1884年設立の大阪商船がもっとも大きな存在であり、田中市兵衛（1838-1910年）の後を襲って1898年に社長に就任した中橋徳五郎（1861-1934年）の下で同社は北米航路、ボンベイ航路を開いた。

日清戦争後に東京電灯（1883年創立）がドイツのアルゲマイネ社（AEG）から、大阪電灯（1888年創立）はアメリカのGE社からそれぞれ大量の交流発電機を購入したが、周波数が前者が50サイクル、後者が60サイクルであった。現在まで続く東西日本の周波数の違いはこの時に始まったのである。大阪電灯の社長は土居通夫（1837-1917年）、初代技師長は岩垂邦彦（1857-1941年）であり、土居は1917年までその座にあった。

第1次世界大戦期に発電機の輸入難と石炭価格の高騰によって、関西では「電力飢饉」が発生した。戦後、経営危機におちいった大阪電灯は結局

大阪市役所編
『大阪市工業経営調査書　金属機械器具工業　昭和十二年』
（1940年刊）

大阪市に買収され、設備の一部は大同電力に吸収された。電力飢饉に対応して2大電力会社が誕生した。一つは宇治川電気（1906年設立）の子会社で電力卸売を目的とする日本電力（19年設立）であり、もう一つは卸売電力会社の大同電力であった。以上の3社に東京電灯と名古屋を中心とする東邦電力を加えた「五大電力」は料金引下げを中心とする激しい「電力戦」を展開した。

大阪の機械工業

　明治末期になると谷町・内安堂寺町界隈には大阪砲兵工廠の払下げ品を取り扱う金物商が集まりようになり、彼らは第1次世界大戦ブームを機に機械商へと転身し、谷町機械商街を形成した。一方、元居留地である川口に近く、水運の便も良い西区の新町・立売堀（いたちほり）には機械工具商や鉄材商が集まった。

　昭和恐慌後になると、6大都市（東京、大阪、名古屋、神戸、京都、横浜）を中心として詳細な工業調査（センサス）が実施されるようになる。各市の実情にあった産業・経済政策を展開するために、各産業、各企業に関する正確なデータが必要になったのである。上図は大阪市役所編『大阪市工業経営調査書　金属機械器具工業　昭和十二年』（1940年刊行）であるが、本調査によると1937年末現在で大阪市に所在する機械器具工場8272工場のうち個人組織の工場は7461工場、法人組織は811工場であり、経営者の業歴をみると「同種工業労務者より独立」が72％と圧倒的割合を占め、これに「家業継承」の11％を加えると83％に達した。

　戦間期の機械器具工業の場合、学校卒業後労働者として就職し、そこで技術を磨くとともに独立創業できるだけのある程度の資産・人的ネットワークを蓄積・形成したのち、自らの工場を開業するというのが中小企業経営者形成のもっとも基本的なコースであったといえよう。そうした場合、大阪、さらに西日本一円の中小機械金属工場の展開にとって、谷町と新町・立売堀に代表される機械・機械工具商街の存在は決定的に重要であった。安価な設備機械を入手できる中古品市場の存在が、参入コストを引き下げ、町工場の新規開業を促したのである。

　〈図14〉は東京の株式会社碌々商店（1903年創業）製作部（12年設置）製造の小型旋盤である。大阪市天王寺区大道の仲津製作所で戦前から1970年代半ばまで使用された。旋盤は「機械を作る機械」

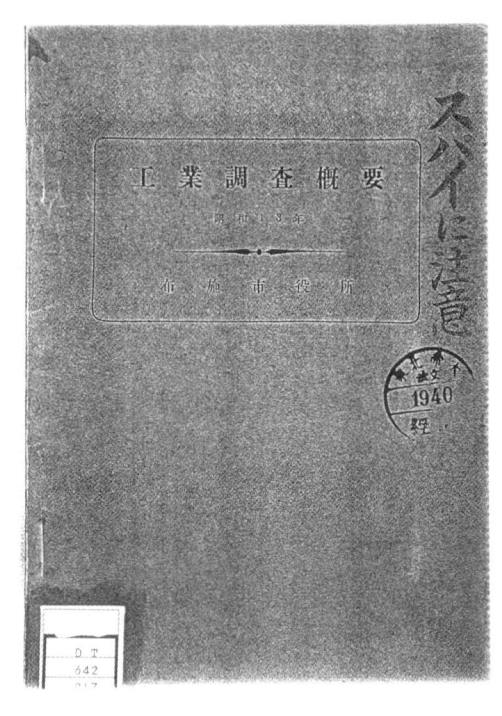

布施市産業課編『工業調査概要』昭和13年版

である工作機械を代表する機械である。旋盤は被加工物に回転運動を与え、これにバイトを押し付けて切削加工（旋削加工）を行う。

　大阪では明治後期になると上町、川口、西九条、九条、難波、西野田周辺などに機械器具工場が集中する工場地域が形成された。戦間期には大阪市周辺部である内陸部の東成区、臨海部の此花・大正・港・西淀川区などで機械器具工場の集積が進み、さらに戦時期には大阪東部の布施市においても機械金属工場の急増がみられた。

「水の都」「煙の都」

　1925年に大阪市が東成・西成両郡を全面編入することによっていわゆる「大大阪」が誕生し、32年の市域大拡張によって「大東京」が実現するまで、大大阪は人口で全国第1の都市であった。〈図15〉は大阪市の東北部を展望したものである。紡績、金属精錬、電気分銅などの大工場が密集している様子を伝えている。かつての「水の都」は工業化の進展とともに「煙の都」に変貌していたのである。「八百八町」の江戸に対して、「水の都」大坂が「八百八橋」を誇り、「煙の都」については明治後期に来阪した大隈重信が「大阪はげに烟の都なり」と称して以来人口に膾炙したとの説があり、『大阪案内』（1909年刊行）にはすでに「『水の都』と『烟の都』と前者に商業の韻あり後者に工業の調あり階々相和して大阪市の面目躍然現し来る」とある。

布施の産業発展

　上図は布施市産業課が編纂した『工業調査概要』昭和13年版である。1937年4月の6町村（布施町・小阪町・楠根町・長瀬町・彌刀村・意岐部村）合併によって布施市が誕生し、67年2月の布施市・枚岡市・河内市の合併によって東大阪市が成立した。31〜39年の耕地整理事業の進展、36年の府道今里枚岡線（通称産業道路）の開通を契機に、布施市は工場地帯へと変動していく。本資料は、こうした布施の工業化の動向を伝えるものである。『布施』第2巻第6号（39年6月）に掲載された布施市役所産業課の工場誘致公告は「工場ノ新築移転ハ布施市ヘ!!（中略）●交通至便●地価低廉　工場ノ種類及動力等ニ制限ナク新築移転ガ自由！（中略）生駒連峰ヲ東ニ望ミ空気清澄、体位向上、能率増進、正ニ一石二鳥ノ好適地」と謳った。

専門商社の発展

　先に繊維商社についてふれたが、専門商社としては鉄鋼商社・問屋、機械商社も有名であった。江戸時代に泉屋吉兵衛が創業した大阪最大の鉄鋼問屋である岸本商店がインドの銑鉄を輸入し始めたのは日清戦争後であり、同商店の第四代岸本吉右衛門（1858-1924年）は1901年に尼崎に岸本製鉄所、11年に岸本製釘所を設立したが、19年に製鉄所・製釘所は住友伸銅所に譲渡され、住友が尼崎に進出する契機となった。岸本商店は1941年に丸紅商店、伊藤忠と合併して三興となった。

　岩井文助（1841-1912年）が幕末期に創業した舶来雑貨商「加賀文」は1898年に岩井商店と改称し、文助の従弟である勝次郎（1863-1935年）は1912年に岩井商店を個人企業から株式会社に改組した。16年に岩井系企業の持株会社として合資会社岩井本店が創設されるが、同本店が出資する工業会社は同年に9社、17年に18社、18年に26社と急増し、25年には岩井商店、大阪鉄板製造、白金莫大小製造所、日本曹達工業、関西ペイントの5社となった。

　1895年に東京高等商業学校を卒業した安宅彌吉（1873-1949年）によって1904年に安宅商会が設立され、同商会は鉄鋼、地金、毛糸、毛織物、肥料、パルプ、洋紙、工業薬品と取扱品目を拡大し、1926年には八幡製鉄所の指定商5社（鈴木商店、三井物産、三菱商事、岩井商店、安宅商会）の一つとなった。安宅は28年に機械部を新設し、同年に明治期以来の有力輸入機械商社であったホーン株式会社（Horne Co., Ltd.）を買収することによって、同商会が日本総代理店になっていたブラウン・シャープ社、ノートン社といったアメリカの有力工作機械メーカーとの代理契約を引き継ぐことができた。

　また戦前の大阪を代表する機械工具商に1895年創業の岩田兄弟商会があった。岩田与兵衛が創業し、長男与三郎と次男米次郎が継承して岩田兄弟商会となった。同社の広告では「弊社は欧米の著名なる機械製作大会社の東洋一手販売及特約店にして其製品は常に弊社の倉庫内に貯蔵せらる」、「弊社は日本内地に於て弊社に専属する工場を有し熟練なる技術と精選したる原料に依り優良なる製品を提供す」として、海外メーカーの代理店、国内専属工場の組織者としての力能が謳われた。

薬種商の街―道修町

　繊維問屋街の北に位置する道修町には、江戸時

代以来、薬種商が集まった。田辺製薬、小野薬品工業、武田薬品工業の前身はいずれも江戸時代の開業であり、明治期にも道修町では塩野義三郎商店、藤沢商店などの創業があった。武田は1895年に自社専属工場を設立して製薬メーカーとなり、ドイツからの薬品輸入が困難になった1915年に株式会社武田長兵衛商店（43年に武田薬品工業に社名変更）が設立され、研究開発・製造・販売を一体化した近代企業に成長する。

薬種業は新規事業の母体にもなった。両替商の家に生まれた鳥井信治郎は薬種問屋小西儀助商店で奉公して洋酒の知識をたくわえた。その後独立して鳥井商店（のちに寿屋洋酒店）を開業し、輸入したぶどう酒を日本人の口に合うように工夫して、1907年に「赤玉ポートワイン」を発売した。19年に発売した「トリス・ウキスキー」が好評を博すると、ウイスキー時代の到来を確信した鳥井はウイスキー事業への進出を決断し、24年に山崎に蒸留所を建設し、29年に本格的な国産ウイスキー第1号の「サントリーウイスキー白札」を売り出した。

〈図18〉は、1916年に東北帝国大学理科大学化学科を卒業し、20年から34年まで大阪市立工業研究所の第二代所長をつとめた高岡齊（1888-?年）が『大阪経済雑誌』（1893年創刊）第24巻第8号（1916年8月）に寄せた「化学工業は如何にして発達せしむべきか」と題する記事である。その中で、高岡は戦後をみすえた化学工業振興策として「学術研究」、「人材育成」、「研究機関の完成」、「資本家の援助」の4点を指摘した。

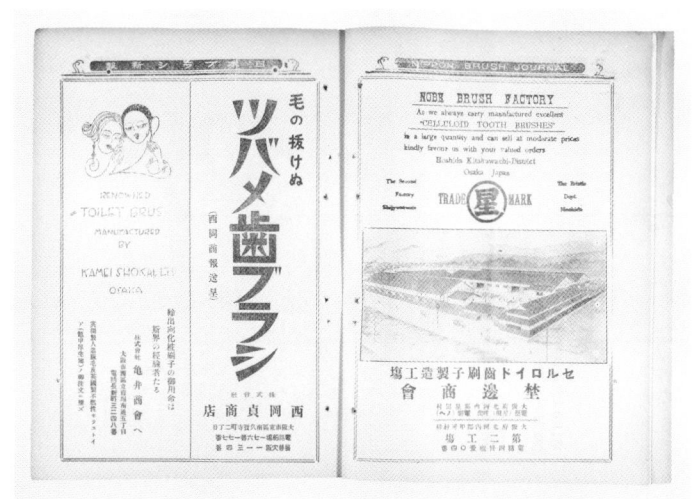

『日本ブラシ新報』（1913年創刊）

(3) その他の諸産業

雑貨産業の発展

　1910年代においてわが国の輸出額がピークに達した1919年の輸出額500万円以上の主要品目をみると、上位4位までは生糸、綿織物、絹織物、綿糸が並び、この4品目で全体の56％を占めた。しかし同時に第6位のマッチを先頭に、メリヤス製品、陶磁器、真田、ブラシ、ボタン、履物、帽子、琺瑯鉄器といった雑貨製品が重要な地位にあった。多くの輸出雑貨製品の生産において関西、とくに大阪の地位が高かった。例えば1910～22年のブラシ生産額では大阪府の全国シェアは毎年79～91％、貝ボタンでは34～58％、18～21年の琺瑯鉄器では56～69％に達した。「東洋のマンチェスター」は同時に、輸出雑貨産業の一大集積地でもあったのである。

　〈図16〉はブラシ業界の動向を伝える業界紙『日本ブラシ新報』（1913年創刊）である。セルロイドブラシが登場するまで、「満州」から牛骨と豚毛が輸入され、大阪で牛骨を歯ブラシの柄に加工し、それに豚毛が植毛された製品が主流であり、その多くはアメリカ合衆国に輸出された。第1次世界大戦前の大阪府の歯ブラシ生産は2つの工場類型によって担われた。一つは帝国刷子株式会社、京都工商・大阪支店株式会社、ゼ・ローヤルブラッシュ合資会社といった大工場であり、もう一つは野田、福島、上町などに集まる町工場であった。前者が毛植部門以外は基本的に工場内で一貫生産したのに対し、後者の場合は各工程が独立の生産者によって担当され、そうした工程の組織者として製造問屋が位置するという生産組織であった。

　しかし工場生産における設備・資金の固定性が海外市況の振幅の激しさに対応しきれず、大工場が次第に発展の展望を失っていったのに対し、歯ブラシ生産の中心は安価な製品（「ジョーブ品」と呼ばれた）を生産する製造問屋型の生産組織へと移行していった。第1次世界大戦期には中・北河内郡の近郊農村におけるブラシ加工業者の増加が著しく、この地域は大阪市・西成郡のブラシ工場の毛植工程を担当する外業部的性格が強かった。第1次世界大戦期の最盛期には毛植注文主と内職者

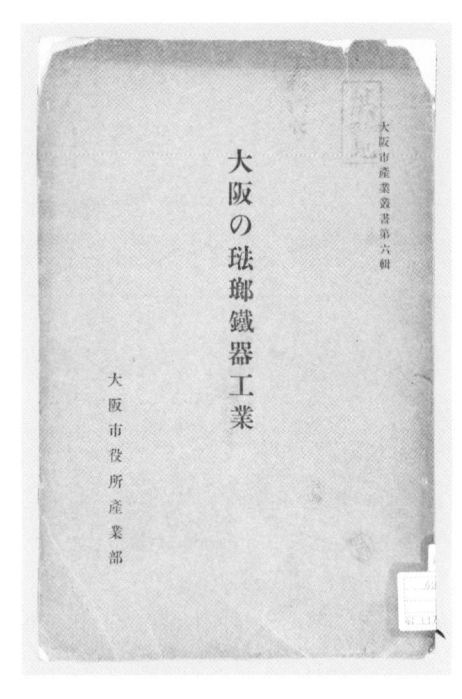

大阪市役所産業部編『大阪の琺瑯鉄器工業』
（1930年刊）

とを仲介する毛植請負業者は400人を超えたが、「毛植者は落毛売却による収入少からざるを以て、遂には盗毛の弊を生じ、為に毛植粗雑となり、矯正し難き悪弊を醸成せり」と指摘されたように、請負業者から渡された豚毛を一部詐取する落毛＝盗毛問題が発生した。

　貝ボタンも歯ブラシ生産のあり方に類似していた。貝ボタン生産の場合、主として輸入した高瀬貝を加工してボタンにした。1923年の大阪府内の貝ボタン工場116戸のうち全工程を一工場内で行う工場は45工場であったが、20年代末には数工場に減少した。貝ボタンの賃加工生産は中・南河内郡さらに奈良県磯城郡へと拡大した。貝ボタン生産のための繰生地機の価格は20年代末で新品で40円、中古品で10円程度であったから、零細業者・内職を行う農家にとって貝ボタンの部分工程への参入はそれほど難しいことではなかった。明治前期における棉作の衰退以降、河内平野の農家は米作、畑作以外にも果樹、園芸を含めてさまざまな商品作物を手掛けたが、その中には輸出雑貨製品の部分工程を内職として担当するという選択肢も含まれていたのである。しかし他の雇用機会と比較して内職工賃が相対的に不利化した場合は、その内職は急速に衰退した。その意味で大阪市内における輸出雑貨生産の外業部としての役割を担った周辺農村・農家も、当然のことながら合理的判断を下す経済主体として行動したのである。

大阪市役所産業部の活動

　戦間期の大阪市役所産業部は大阪の主力産業に関する『大阪市産業叢書』シリーズを刊行して関係者に広く情報を提供した。取り上げられた商品は、帽子、洋傘、セルロイド、鈕釦（ボタン）、琺瑯鉄器（ほうろう）、刷子（ブラシ）、莫大小（メリヤス）、石鹸、護謨、アルミニウム、紙製品、自転車、皮革製品、鍚力（ブリキ）製品などであった。〈図17〉に示された大阪市役所産業部編『大阪の琺瑯鉄器工業』（1930年）は同叢書の第6輯として編纂されたものであり、大阪市立泉尾工業学校講師森盛一が校閲を担当している。森盛一は1920年に東京高等工業学校窯業科を卒業した技術者で、自ら琺瑯工場を経営したり、日本エナメルの工場長を務めたりした経験の持ち主であり、『琺瑯工業』（修教社書院、1937年）の著者でもあった。

　『大阪の琺瑯鉄器工業』には生産、流通、輸出状況だけでなく、「哈爾浜（ハルビン）」、「奉天」、「大連」、「天津」、「上海」、「印度」などアジア各地での外国品

府立商品陳列所

大阪府庁

府立産業能率研究所

『大阪市大観』より

との競争状況、大阪製品の問題点などが記載されていた。例えばインド市場では「欧州品と比較するに、本邦産の高級品にありても尚多少の遜色があるが、当地向普通品としては従来の一等品を供給せば品質上敢て申分ない。但し現今入荷しつつある特二等品は粗質の琺瑯を使用し工費の節減を計るために琺瑯を一度掛にせるもの多きを以て、生地薄黒く、外観甚だしく不良で、且つ耐久力に於ても普通品ひ比して遙かに薄弱にして、琺瑯の剥落すること早く、生錆し易い」として、安値販売の代名詞である特二等品の販売中止が求められていた。

大阪工業学校編
『大阪工業学校一覧　従明治三十年至明治三十一年』

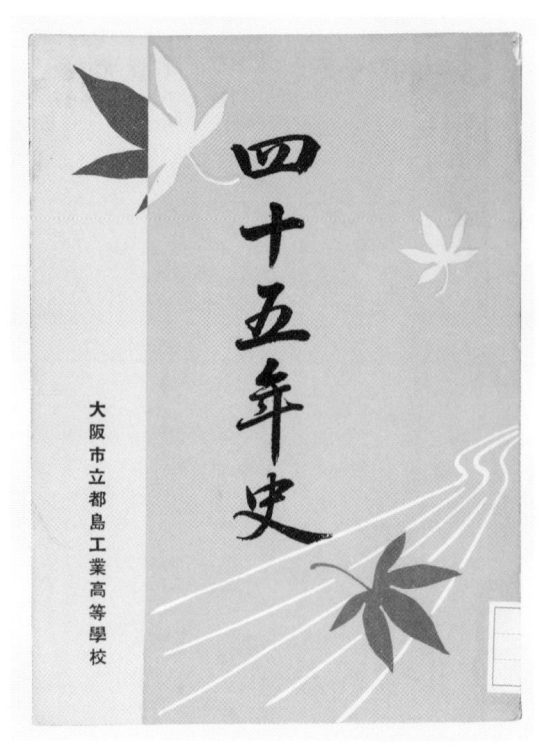

大阪市立都島工業高等学校編『四十五年史』（1952 年刊）

（4）産業発展のための基盤整備

工業教育の発展

　戦前の大阪では多様な技術教育の展開がみられた。上の左に示された大阪工業学校は1896年に設立され、1901年に大阪高等工業学校と改称し、29年に大阪工業大学に昇格した。続いて1931年に大阪帝国大学（理学部と医学部の2学部）が設立され、大阪工業大学は1933年に大阪帝国大学工学部となった。戦時期にいくつかの官立・府立・市立の高等工業学校が設立されるまで、大阪における高等工業教育機関は大阪高等工業学校のみであった。商業教育では1880年に大阪商業講習所（当初は私立、1881年に府立、1889年に大阪市立大阪商業学校となる）が設立され、同所は1901年に大阪市立高等商業学校、28年に大阪商科大学（後の大阪市立大学）へと発展した。

　戦前の大阪は全国有数の充実した中等工業教育を展開した。〈表3-2〉（86頁）に示されているように、1908年開校の市立工業学校（後の大阪市立都島工業学校）と府立職工学校（後の大阪府立西野田工学校）が嚆矢であり、続いて14年に大阪府立職工学校今宮分校（後の大阪府立今宮職工学校）が設立され、戦間期には市立の泉尾工業学校、工芸学校、府立の佐野職工学校、城東職工学校、第五職工学校（後の大阪府立堺工業学校）、第六職工学校（後の大阪府立淀川工業学校）の設立と続き、戦時期にも工業学校の設置が相次いだ。

　上の右に示された大阪市立都島工業学校は、戦後の教育改革によって48年に大阪市立都島工業高等学校となった。同校は18年度から予科2年・本科4年の全国唯一の6年制の、かつわが国有数の大規模工業学校となった。西野田と今宮の職工学校は校憲の第1条に「学校ラシキ学校トナスニアラスシテ工場ラシキ学校トナスニアリ」、第2条に「生徒ラシキ生徒トナスニアラスシテ職工ラシキ生徒トナスニアリ」を掲げ、全国の工業学校の中でも工場実習の多い学校として著名な存在であった。

　1912年に市立大阪工業学校を卒業した井上好一（1891-1971年）は後に関西を代表する能率技師の一人になるが、彼は「工業学校卒業程度ノ卒業生」が「労資ノ中間ニ、工業管理者トナツテコソ、始

住友私立職工養成所編『各種統計図表』（1934年刊）

メテ科学的管理ガ行ハレルノデアル。良キ管理者ハ労資間ノ蝶番デアル。工業管理者ハ両者ノ中間ニ立チテ協調ヲ司ル唯一ノ適任者デアルト期待サレル」として、高等教育を受けた技術者と職工・職長の間に立つ中間管理者、科学的管理法の担い手としての工業学校卒業生の独自の役割を強調した。

工業各種学校の展開

大阪における中等工業教育の展開を支えたのは公立校だけではなかった。1895年に私塾製図夜学館（現大阪工業技術専門学校）、1902年に関西商工学校が開校し、松下幸之助（1894-1989年）は同校予科に入学して夜間教育を受けた。〈表3-3〉（87頁）に示されているように戦間期に設立された著名な工業各種学校に住友私立職工養成所、大阪工業専修学校、関西工学専修学校、大阪鉄道学校などがあった。

上にある住友私立職工養成所は、住友家の社会事業の一環として1916年に西区市岡に設立された。同校の修業年限は3カ年、入学資格は尋常小学校以上で、授業料は徴収されず、しかも卒業後住友系企業への就職義務はなかった。優秀な職工を養成する同校の人気は高く、1930年代の入学倍率は6～8倍に達した。経済団体である大阪工業会が中心となって大阪高等工業学校内に大阪工業夜学校（大阪工業専修学校）高等部、府立西野田職工学校内に大阪工業夜学校中等部が設立され、多くの意欲ある勤労学生を集めた。1922年に関西工学専修学校（現大阪工業大学・摂南大学）が設立され、4年後には財団法人関西工学の設置校となった。鉄道省の鉄道教習所に勤務した瀬島源三郎らが中心となって大阪鉄道学校（現大阪産業大学・附属中高校）も設立され、国鉄・私鉄・大阪市電などに多くの卒業生を送り出した。

産業発展のためのインフラとしては実業教育だけでなく、公設試験研究機関も重要であった。代表的な存在としては、農商務省所管大阪工業試験所、市立工業研究所、府立産業能率研究所、府立工業奨励館などがあり、府立の商品陳列所も独自の役割を果たした。

次頁上は1890年に設立された府立大阪商品陳列所が編纂した『大阪府工業概覧』（1903年）であり、同書によって20世紀初頭の大阪の産業発展の状況、主要企業の経営実態などをうかがうことができる。67頁上に示されている商品陳列所は1930

府立大阪商品陳列所編『大阪府工業概覧』（1903年刊）

年に大阪府立貿易館と改称され、1887年に廃止されるまで大阪の海外貿易の伸展を支えた。なお67頁上の大阪府庁は1874年の建造であり、その後修理増築を重ねた。左下の大阪府立産業能率研究所は商品陳列所に隣接した。

公設試験研究機関の整備

図24の大阪市立工業研究所は1916年に市立大阪工業学校の構内に設立され、23年に北区北扇町（現北区扇町）に建築費約22万円で新築本館が落成した。工研は21年度からアメリカのピッツバーグのメロン工業研究所（Mellon Institute of Industrial Research）にならって、依頼者が研究費を提供する特別研究制度を開始した。初代所長の堀居左五郎（1868-？年）［市立大阪工業学校校長］がパンフレットによってメロン工業研究所の実践を知り、高岡齊技師が19年に同研究所を直接視察した。庄野唯衛（1894-1973年）、大島敬治（1908-2003年）らの努力によって工研の合成樹脂、プラスチック研究は全国の最先端を行った。また工研の研究員は出張指導や中小工場に対する巡回指導も行った。市立衛生試験所は1906年に設立され、1923年に落成した新庁舎は工研に隣接し、衛生に関する試験研究、衛生思想の普及に努めた。

市立産業奨励館は、皇太子（昭和天皇）御成婚記念事業の一つとして、大阪市立工業研究所の事業支援のため、1925年に工研の東隣に完成した。創設費は約20万円、二階に図書室・図書閲覧室、二・三階に陳列室が配置された。産業奨励館の業務は、発明の助長奨励、輸出品の改善に関する研究、輸入品の国内生産化に関する研究、科学知識の普及および内外優良品の陳列、工業図書の閲覧などであり、創設時には技師4名、技手5名、書記3名、雇員8名が配置された。

67頁上の大阪府立産業能率研究所（能研）は、1925年に産業能率・科学的管理法の普及に関する全国初の公設試験研究機関として設立された。大阪府立産業能率研究所編『産業能率ト指導実績』（1936年）（次頁上）には戦間期における同所の多彩な活動が紹介されている。戦後に有名になる「工場診断」という言葉も、能研や市立の工研の活動を通じて戦前期の大阪ではすでによく知られていた。39年に能研の所長に就任した園田理一（1897-1992）は能研の陣容を強化するため、中山太陽堂の能率部長や早川電機の工程管理主任などを相次いで入所させた。園田が戦後中小企業庁の初代の

能率展覧会編『能率展覧会誌』（1924年刊）　　大阪府立産業能率研究所編『産業能率ト指導実績』（1936年刊）

指導局長に転じることで大阪で実践されていた工場診断は全国化し、新しい中小企業政策の重要なツールとなった。

産業能率の時代

上に示されている能率展覧会編『能率展覧会誌』（1924年）は、24年3月15日から4月20日に天王寺公園内の勧業館において開催された能率展覧会の記録である。観覧者総数は9万8017人に達し、内閣総理大臣清浦奎吾（1850-1942年）、農商務大臣前田利定（1874-1944年）、内務大臣水野錬太郎（1868-1949年）なども参観した。本書では、産官学における能率増進、科学的管理法に関する具体的な取り組みが紹介され、戦間期の大阪では内外の能率運動に対する関心がきわめて高かった

ことを物語っている。

大阪府立工業奨励館は1929年に設立され、官立の大阪工業試験所（大工試）がガラス研究、戦後では炭素繊維研究などで有名であったのに対し、奨励館は自転車、ミシンなど機械金属工業の分野で大きな成果を上げた。先にみたように堀居左五郎が市立大阪工業学校校長と工研初代所長を兼務し、府立今宮職工学校校長の佐藤秀也（1885-1933年）が工業奨励館の嘱託になるなど、中等工業教育機関と公設試験研究機関の連携は深く、両者はともに大阪の技術発展をささえる重要なインフラであった。佐藤秀也は汽車製造社長の長谷川正五（1881-1934年）らとともに大阪挾範協会を設立してリミットゲージ・システムの普及に努めた。

慶沢園之図（橋爪節也所蔵）

(5) 企業家のフィランソロピー

企業家によるフィランソロピーの展開

　〈表3-4〉(88頁)に示されているように戦前の大阪の企業家のフィランソロピー（社会貢献活動）には目覚ましいものがあった。中でも住友家の活動は有名である。西園寺公望を実兄にもつ住友純(とも)(いと)（春翠：1864-1926年）は1892年に住友家の養嗣子となった。93年に住友家第十五代をつぎ、以後住友家長として没するまでさまざまな文化・社会事業を行った。

　1895年に茶臼山一帯を買収した住友春翠は、敷地4万坪に豪邸を建てた。さらに春翠は修学院離宮、桂離宮の修復などで有名な小川治兵衛（通称植治：1860-1933年）に約2万坪の作庭を命じ、植治は「留春亭」、「喚魚亭」の二庭を備えた名庭「慶沢園」を築いた。1908年に造園を開始し、完成までに約10年を要した。完成間もない1921年に春翠は茶臼山邸敷地および茶臼山を公園並びに美術館建設用地として大阪市に寄付したが、伝記『住友春翠』（「住友春翠」編纂委員会編、1955年刊行）には1922（大正壬戌）年6月に1週間にわたって本邸庭園を京阪神の職員家族に観覧させたことが記されている。上図はその時に観覧した人によって描かれたものである。

　洋反物仲買からスタートした山口玄洞（1863-1936年）の寄付行為は桁外れであり、関西の寄付王と呼ばれた。山口は船場小学校、京都府立一中、早稲田、慶応義塾などの教育関係だけでなく、日本赤十字社、済生会病院などにも多額の寄付を続けた。微生物病研究所の創立費用の支出を懇請された山口は、1931年に20万円を大阪府に寄付した。また22年には100万円の寄付をもとに財団法人山口厚生病院が設立され、同病院は35年に大阪帝国大学に移管された。

　次頁の上・左は塩見政次の胸像である。1878年に岡山県に生まれた塩見は1900年に大阪医学校を卒業し、03年に東区高麗橋で医院を開業した。後に亜鉛精錬事業を志した塩見は09年に合資会社大阪鉱業試験所（のちに大阪亜鉛鉱業株式会社と改称）を設立し、安治川、西島工場に加えて岡山県神島に工場を建設した。第1次世界大戦期の大阪亜鉛

塩見政治胸像（大阪大学総合学術博物館所蔵）

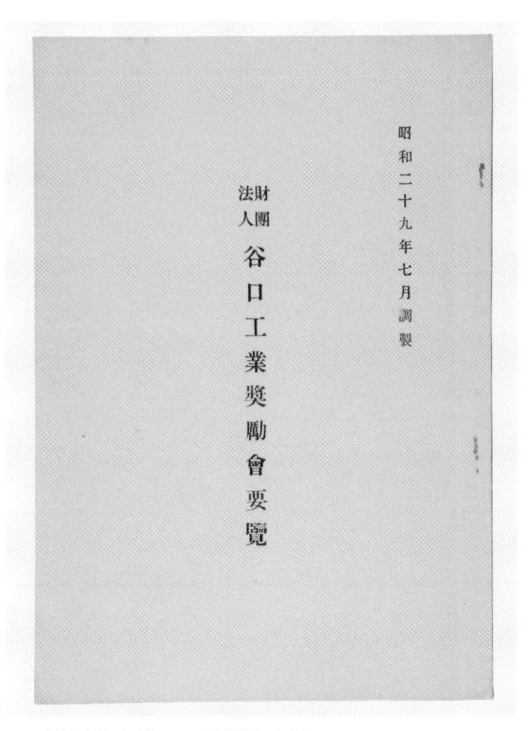

財団法人谷口工業奨励会編
『財団法人谷口工業奨励会要覧』（1954年刊）

鉱業の発展は目覚ましく、神島工場の職員数は400名、職工数は8000名を数え、年産額は2500万円以上に達した。

塩見理化学研究所

しかし1916年10月に病魔に冒された塩見は享年39歳で没した。その直前、塩見は病床に恩師佐多愛彦（府立大阪医科大学学長）を呼んで長年の夢であった理化学研究所を大阪に設立することを依頼し、私財100万円の提供を申し出た。17年3月に東京に理化学研究所が設立されるが、これはいわば国家的事業であり、塩見理化学研究所の設立事情とは異なった。塩見の遺志を受けて、1925年に塩見理化学研究所の建物が北区堂島浜通（現北区堂島浜）に竣工した。塩見理化学研究所は31年5月1日付をもって財団の維持資金75万円のうち40万円を大阪府知事に提出し、大阪医科大学蓄積金等と併せて185万円が大阪帝国大学設立基金とされ、その全額が理学部（初代学部長真島利行）創設費に充てられた。さらに33年には大阪帝国大学と塩見理化学研究所の協定に基づき5名の研究員が理学部教授・助教授に就任した。1956年に塩見理化学研究所は歴史を閉じるが、解散に際して研究所の建物・設備一切が大阪大学に寄付された。

財団法人　谷口工業奨励会

1929年に68歳で没した大阪合同紡績社長谷口房蔵（1861-1929年）の遺言によって、寄附金100万円をもとに財団法人谷口工業奨励会が誕生した。同会からの研究助成・奨励金の最大の受け手は大阪帝国大学であり、創設から1953年度までの助成研究総件数127件のうち大阪大学関係者の研究件数が68件に達し、戦前・戦時中における最大規模の研究交付金は阪大の菊池正士（1892-1974年）「元素の人工転換に関する研究助成」8万円（1936・37年度）であった。上の『谷口工業奨励会要覧』（1954年）から戦前・戦中・戦後にかけての谷口工業奨励会の多彩な活動をうかがうことができる。

（沢井　実）

Ⅳ 「大大阪」の時代

クラブ白粉のポスター

　1925年4月、大阪市は西成・東成両郡の全域を編入するという大規模な第2次市域拡張を行う。これにより成立した「大大阪」の人口は、全国第1位の212万人（東京市は200万人）となる。1932年10月に東京市が5郡・隣接82町村を合併して世界第2位の大都市（「大東京」）になるまで、大阪市が全国一の人口を維持した。

　都市化の進展は大衆文化の興隆、文化産業の成立をもたらした。大阪毎日新聞、大阪朝日新聞が発行部数を伸ばし、大阪毎日の発行部数は1924年に四大紙（大阪の二大紙＋東京朝日新聞・東京日日新聞）のなかで最初に100万部を突破した。

　大都市の膨張は労働問題や社会・都市問題などの新たな難問を引き起こしたが、関一（1873-1935年。1914年に大阪市助役、1923年に市長就任）市政がそれらに積極的に取り組んだ。1920年に発足した大阪市社会部は多数の『社会部調査報告』によって問題の正確な把握に努め、産業部の各種産業調査は大阪の主要産業の国際競争力と、その直面する問題を広く知らしめた。また1921年に大阪市の第1次都市計画事業が内閣の許可を得た。主な目標は御堂筋の建設であり、1926年に工事が開始され、1934年に御堂筋は都市計画法による美観地区に指定された。

(1) 都市化の進展

私鉄王国の形成

　戦前の関西は私鉄王国を形成した。松本重太郎（1844-1913年）、藤田伝三郎（1841-1912年）らの提唱による阪堺鉄道の設立は1883年の日本鉄道の開業に1年遅れたが、全くの民間資本によるという意味で阪堺鉄道こそが実質的に私鉄第一号といってよかった。1887年に難波―堺間の開通をみるが、起点となった難波は大阪市内に敷設された最初の駅であり、阪堺鉄道の成功が鉄道ブームの引き金となった。1895年創立の紀摂鉄道は南陽鉄道、南海鉄道と改称し、阪堺鉄道の事業を譲渡された南海鉄道は、1903年に難波―和歌山市間を全通させた。1898年に高野鉄道が大小路―河内長野間を開業し、1900年に道頓堀―堺東（大小路を改称）間もつながった。高野鉄道は1907年に高野登山鉄道に譲渡され、1915年に大阪高野鉄道と改称され、同鉄道は1922年に南海鉄道に合併された。南海鉄道によって新世界、千日前、戎橋が開発され、ミナミの繁華街が形成された。また東洋一といわれた浜寺水浴場も1906年に南海鉄道が大阪毎日新聞社と提携して開設したのがはじまりであった。

　1905年に阪神電気鉄道が大型・高速を誇るわが国初の郊外電気鉄道として開通した。阪神は1907年に香櫨園（こうろえん）遊園地を開設し、1909年には西宮停車場前に貸家30戸を完成させ土地建物賃貸業も始めた。1922年に兵庫県から旧枝川の河川敷跡の払い下げを受けた阪神は、広大な土地を大野球場を中心とするスポーツセンターと高級住宅地として開発することを決定した。干支の組み合わせの一番目の甲子の年（1924年）に完成したことから甲子園球場と命名された野球場が開設され、8月に朝日新聞社主催第10回全国中等学校優勝野球大会が開催された。1929年に甲子園娯楽場（1932年に「阪神パーク」と命名）が開設された。

　1906年に京阪電気鉄道が創立され、1910年に天満橋―五条間が開通し、これを記念して香里遊園地で第1回菊人形が開催された。1915年には宇治線が開通し、京阪は1925年に京津電気軌道、1930年に新京阪鉄道をそれぞれ合併した。戦時下の交通統制の一環として1943年に阪神急行電鉄と合併

商業中心地区（船場一帯、大通りは堺筋）（『大阪市大観』1925年刊より）

し、社名を京阪神急行電鉄と改称したが、1949年に京阪神急行電鉄から分離して京阪電気鉄道が新発足した。

小林一三の経営戦略

1907年に創立された箕面有馬電気軌道（18年に阪神急行電鉄に社名変更）は1910年に梅田—宝塚間、箕面—石橋間の運転を開始した。三井銀行を退職した小林一三（1873-1957年）が箕面有馬電軌の創立に加わり、専務取締役（1927年に社長）に就任する。小林は斬新な経営戦略を次々に打ち出した。まず住宅地経営では、1910年の池田室町での住宅販売を皮切りに箕面、桜井谷、豊中、服部などでも住宅分譲を続けた。小林のこの戦略は東京でも五島慶太（1882-1959年）の目黒蒲田電鉄、東京横浜電鉄（ともに東京急行電鉄の前身）や堤康次郎（1889-1964年）の武蔵野鉄道（西武鉄道の前身）などが踏襲した。

1914年には宝塚少女歌劇の第1回公演が行われたが、これは大阪三越の少年音楽隊にヒントを得たものであった。1918年に宝塚音楽歌劇学校の設立が認可されるが、小林自らが校長に就任した。1920年に梅田駅に隣接する5階建の阪急ビルディングが竣工し、1925年には同ビルに阪急直営マーケットが開業する。マーケットと食堂を併設した日本初のターミナル・デパートの誕生であり、1929年には御堂筋正面に地上8階、地下2階のビルが完成し、阪急百貨店となった。

1910年に大阪電気軌道が創立され、1914年に上本町—奈良間が開業した。日本第二の長さを誇る生駒トンネル（日本初の標準軌複線トンネル）が評判となったが、トンネル工事は大林組が請け負った。1922年に上本町—天理間の直通運転が実現、翌1923年には西大寺—橿原神宮前が全通した。1926年にターミナルビル・大軌ビルが完成し、1936年に大軌百貨店が開業した。1938年には大軌、参宮急行電鉄、関西急行電鉄の3社の手によって上本町—名古屋間が3時間余で結ばれた。また1929年に生駒山上遊園地、あやめ池温泉場、花園ラグビー場が相次いで開設された。1940年に参宮急行電鉄は関西急行電鉄を合併し、1941年に大軌は参宮急行電鉄を合併し、社名を関西急行鉄道と変更した。1943年に大阪鉄道を合併し、翌年には大鉄百貨店も合併したため、関西急行鉄道は上本町と阿倍野に百貨店を直営することになった。戦時下の経営統合政策により1944年に関西急行鉄道と南

美身クリーム　　　　　　　　はき白粉

海鉄道の合併によって近畿日本鉄道が誕生するが、戦後の1947年に旧南海鉄道傍系の高野山電気鉄道を南海電気鉄道に社名変更し、同社に旧南海鉄道の事業を譲渡した。

新聞とラジオの発達

　私鉄経営に支えられた都市化の進展は、大衆文化の興隆、消費生活の変容をもたらした。大阪毎日と大阪朝日は協定して1915年10月、東京朝日は1921年2月、東京日日は1923年9月から夕刊を発行した。それまではその日の出来事をその日のうちに読者に報道するには号外の発行しかなかったが、夕刊発行によってニュースの速報性が高まったのである。

　世界初の定期的なラジオ放送は1920年に始まったが、日本では1924年の社団法人東京放送局、1925年の社団法人名古屋放送局と社団法人大阪放送局の設立をへて1926年3月に3放送局を合同して社団法人日本放送協会が設立され、1927年から全国中継放送が開始された。ラジオ放送の開始とともにラジオ・ブームが起こった。ラジオ聴取契約者数は1925年度末の26万人が1930年度末に78万人（普及率6.1％）、1935年度末に242万人（17.9％）、1940年度末には567万人（39.2％）、1944年度末に747万人（50.4％）と増加の一途をたどった。

　ラジオ放送がはじまると多数のメーカーや個人が受信機を製造した。家庭用電源を使用する受信機の交流化はアメリカではじまり、日本でも1930年に本格的な交流式受信機が登場した。1930年代半ばには松下電器産業（1918年に松下電気器具製作所として創業）と早川金属工業（1924年に早川金属工業研究所として創業）の関西系2社が市場シェアにおいて1、2位を占める状況が生まれた。シャープ・ペンシルの製造から1925年にラジオに転じた早川徳次（1893-1980年）は早くから能率研究に熱心であり、同社におけるコンベアシステムの構築を主導したのが大阪能率研究会理事で同社監査役（1935年5月より）の井上好一であった。このコンベアシステムは同業者に開放され、松下におけるラジオ事業の責任者であった中尾哲二郎（1901-1981年）[松下無線専務] も見学した。1936年には松下もコンベアシステムを導入した。

東洋の化粧王と科学的管理法

　「東洋の化粧王」と称された中山太一（1881-1956

森下仁丹　　　　　　　　　　　　　　仁丹体温計

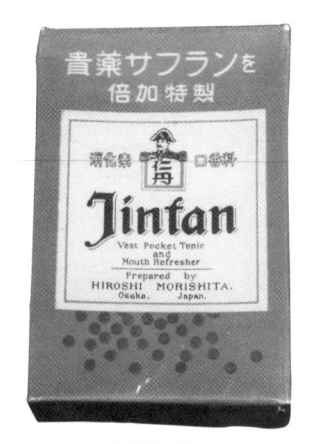

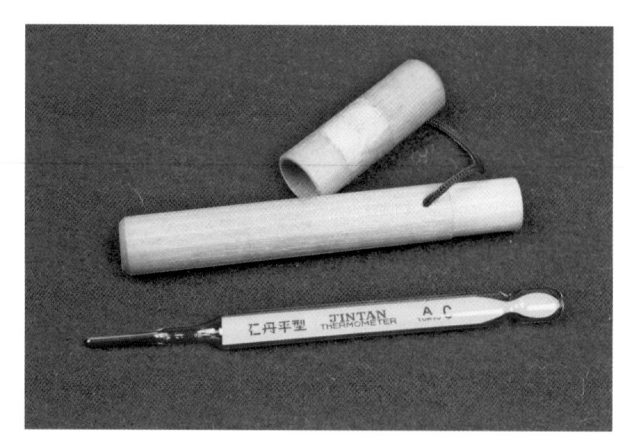

年）は門司で洋食店の丁稚、雑貨屋勤務、石炭商の手代を経験したのち大分の薬種商志賀商店に勤めた。19歳で同商店神戸支店の支配人に抜擢されたが、すぐに辞め、篤志家の援助を得て洋品雑貨・化粧品の小売り行商をはじめ、1903年に21歳で神戸花隈町に洋品雑貨・化粧品卸商「中山太陽堂」を開業した。

　中山太一は、戦間期における科学的管理法・能率増進運動の旗手であった。F・W・テイラー（F. W. Taylor、1856-1915年）の The Principles of Scientific Management の訳者（1913年に『学理的事業管理法』として刊行）として知られる加島銀行取締役星野行則（1870-1960年）との出会いが科学的管理法に傾倒する契機であったが、1916年には星野自らが中山太陽堂の能率指導を行っている。1920年に工場に能率課、1922年に事務能率課を設置した中山は、1921年に上野陽一（1883-1957年）の能率指導を受けた。1921年から大阪市立工業学校では工業能率を正課に採用し、井上好一が嘱託教員を務めるが、この先進的な試みも中山の寄付によるものであった。同年には大阪府産業部内に能率増進優良品期成委員会が設置されるが、この措置も中山太陽堂創業20周年を記念した中山の寄付に基づくもので

あった。同委員会が開催した講習会の修了者によって1921年7月に大阪能率研究会（社団法人大阪能率協会の前身）が結成され、大阪府立産業能率研究所が設置されてからは同研究会は外郭団体として研究所の活動を支えたが、能研開設に際しても中山が最大の寄付を行った。1941年に大阪能率協会の第二代会長に就任した中山は、日本能率連合会と日本工業協会の統合によって1942年3月に成立した日本能率協会（会長は伍堂卓雄）の副会長に就任した。

クラブ化粧品

　1906年4月、中山は自家製品第1号「クラブ洗粉」を発売するが、その生産高は1907年に400万個、1910年に1000万個を突破し、この記録的ヒット商品によって中山太陽堂はその基礎を確立した。「クラブ洗粉」の誕生とともにシンボルマーク「双美人」も作られ、消費者からたいへんな好評をもって迎えられた。

　〈図19-1〉は「クラブ洗粉」であり、〈図19-2〉は1910年の中山太陽堂の歯磨のポスターである。戦前の大阪を代表する画家で、美人画で有名な北野恒富（1880-1947年）によるものである。〈図19

伊藤喜商店「ホチキス1号」

-3〉は大正期のクラブ白粉のポスターであるが、女性の耳隠しは当時流行の髪型であった。〈図19-4〉は大正末期から昭和初年における中国向け輸出品、双美人牌化粧品のポスターである。〈図19-5〉は美身クリーム、〈図19-6〉は「はき白粉」である。

森下仁丹

森下仁丹の創業者森下博（1869-1943年）は15歳で来阪し、心斎橋の舶来小間物問屋に丁稚として入った。森下は1893年に薬種商「森下南陽堂」（1905年に森下博薬房、1922年に森下博営業所と改称）を開業した。「銀粒仁丹」の前身である「赤大粒仁丹」が1905年に発売され、仁丹のトレードマークである「大礼服マーク」が浸透していった。1922年には仁丹に続く主力商品となった「仁丹体温計」が発売され、同年には「仁丹ハミガキ」も売り出された。この3商品を基礎に森下博営業所の経営基盤が確立し、大衆保健の分野を拡大していったのである。〈図20-1〉と〈図20-2〉は森下仁丹および体温計である。

ホチキス1号

伊藤喜十郎（1855-1936年）が1890年に創業した伊藤喜商店は1903年ころからゼムクリップや「ホチキス自動紙綴器」の輸入をはじめた。伊藤喜商店ではその後自社生産も行うようになり、1914年9月の製品案内では「第1号ホチキス自動紙綴器」が「舶来品ニ比シ寸毫も遜色ナキノミナラズ、遙ニ廉価」と紹介された。〈図21〉は「ホチキス1号」である。

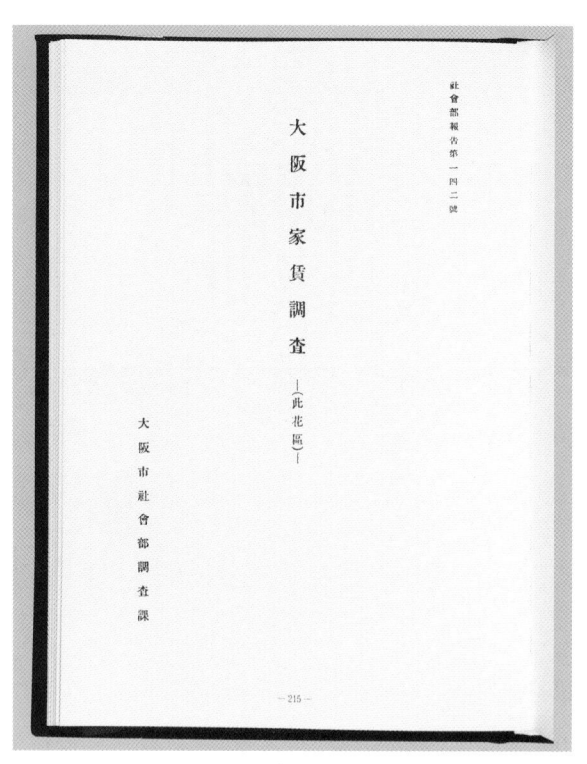

大阪市役所編『社会部調査報告』

(2) 関市政の展開

関市政の展開

　戦間期、「大大阪」の時代の大阪の発展に対して、関市政は決定的影響を与えた。関一（1873-1935年）は1873年に旧幕臣の長男として静岡県に生まれ、1893年に東京高等商業学校を卒業後、大蔵省、新潟市立商業学校などに勤務し、1897年に母校の教授となった。1898～1901年にベルギー、ドイツに留学した関はグスタフ・シュモラーの主張に惹かれ、社会政策に関する理解を深め、1911年には工場法制定を支持し、1912年に発足した友愛会の評議員にもなった。

　池上四郎（1857-1929年）大阪市長に請われて、1914年に関は東京高商教授を辞して大阪市高級助役に就任した。1923年に池上の後任として第7代大阪市長に就任し、以後1935年に没するまで3期10余年間、市長として大阪の発展をリードした。高級助役時代すでに大阪築港の推進、市電の拡充、さまざまな社会事業・社会政策などに大きな成果を上げていたが、その後も大都市大阪の都市機能の整備に注力した。施行年度が1922年度から1940年度におよぶ大阪市の都市計画事業が開始され、梅田―難波間を結ぶ幅員24間の御堂筋の工事が1926年にはじまり、1934年に御堂筋は都市計画法による美観地区に指定された。さらに1933年に梅田―心斎橋間の地下鉄が開通し、1935年に心斎橋―難波間、1938年に難波―天王寺間が地下鉄で結ばれた。

　社会政策の専門家であった関高級助役・市長時代にはさまざま市営の社会事業が整備拡充された。1920年に大阪市役所に社会部が誕生し、ここが社会事業展開の拠点となった。1923年時点での市営社会事業をみると、簡易食堂、職業紹介所（中央・九条・西野田・今宮・京町堀・堀江・天神橋六丁目・老松町・京橋・築港・梅田・玉造）、共同宿泊所、住宅、共同宿舎、浴場、託児所、乳児院、産院、少年職業相談所、理髪所、人事相談所、桜宮実費診療所、児童相談所、市民館、市民病院、公設市場（20箇所）、刀根山療養所であった。

　大阪市社会部は初代部長が天野時三郎（任期：1920-25年）、第2代が山口正（1925-35年）、第3

市営小売市場（本庄市場）

代が志賀志那人（1935-38年）といったように優れたリーダーに恵まれ、1927-42年にかけて厖大な社会部調査を行い、戦間期の「大大阪」が直面する社会問題の実相を明らかにした。社会部報告は200点を超え、労働問題、住宅問題、失業問題など調査の対象は広範囲におよんだ。前頁上図は社会部報告の一つである。

公設市場の発展

第1次世界大戦期の物価高騰、米騒動を機に公設市場が普及していくが、公設市場の発達が顕著であったのは6大都市の中でも名古屋より西であり、とくに大阪市の公設市場が質量ともに突出しており、市場数は1918年の4市場が1925年に41市場、1930年に52市場に増加した。公設市場は当初の細民救済的小売施設から一般市民のための小売市場へと性格を変えていき、公設市場の発達に刺激されて私設の小売市場もその数を増した。御用聞き、掛売りを排した現金・持ち帰り販売方式を採用した公設私設小売市場の普及は、百貨店の隆盛とともに都市住民の消費生活に多様性を与えた。1935年調査によると大阪市では小売市場の売上高が市内小売販売額に占める割合は、青果で48％、魚類で75％に達した。〈図22〉は市営の本庄市場（北区本庄中野町、1918年9月開設）の様子である。

『大阪市統計書』から見た工場の実態

〈図23〉は大阪市役所編『大阪市統計書』である。第1回統計書は1899年版（1901年刊行）であり、以後毎年刊行された。内容は、土地、気象、農業・漁業、人口、教育、宗教、衛生、社会、警察裁判、貿易、会社、金融、商業、交通、工業、財政、公議会などから構成され、本統計書によって大阪市における行政・社会の動向を克明に追跡することができる。

〈表4-1〉（89頁）は『大阪市統計書』第25回（1927年刊行）から「大大阪」成立初年度である1925年末の産業別工場数、工場従業者数、1925年の生産額などをみたものである。大阪市の工場は有動力工場8605工場に対して無動力工場は1万3738工場であり、機械器具工場でも従業者数1〜4人の無動力工場が2867工場もあった。技術者が多く集まるのは機械器具工業と化学工業であり、

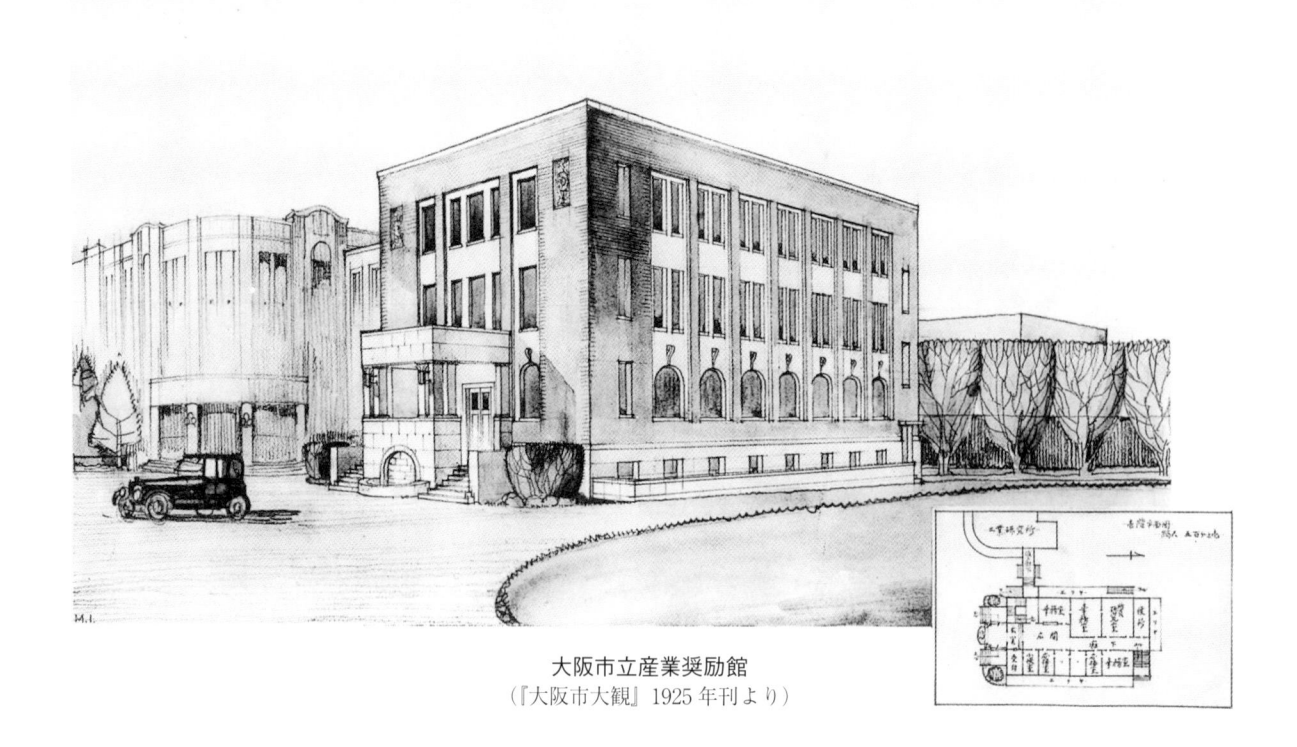

大阪市立産業奨励館
(『大阪市大観』1925年刊より)

両者で全体の約6割を占めた。また男工が10万9657人に対して、従業家人（男）が2万2507人と無視しえない割合であり、雑工業では従業家人は職工数の41％に達し、文字通り当該工業の家内工業的性格を物語っていた。

上図は大阪市立産業奨励館である。皇太子（昭和天皇）御成婚記念事業の一つとして、大阪市立工業研究所の事業支援（発明奨励、産業振興）のため、1925年に工業研究所の東隣に産業奨励館が完成した。工研の活動を支援する大阪工研協会の事務所が産業奨励館内におかれた。

(沢井　実)

表3-1 3大工業地帯の内部構成の変遷

(千円、人、％)

	業種別	1909年				1919年				1929年				1939年			
		生産額	構成比	職工数	構成比	生産額	構成比	職工数	構成比	生産額	構成比	職工数	構成比	生産額	構成比	職工数	構成比
阪神	染織	83,598	36.3	65,146	43.2	739,703	38.4	158,131	41.5	655,638	32.6	157,926	40.9	749,522	10.6	165,519	17.2
	機械器具	17,017	7.4	12,829	8.5	305,932	15.9	73,705	19.3	262,770	13.1	60,132	15.6	1,752,567	24.9	386,056	40.1
	金属	9,164	4.0	5,683	3.8	232,586	12	28,791	8	298,631	15	35,032	9	2,616,364	37	206,992	22
	化学	47,047	20.4	27,513	18.3	334,562	17.4	61,812	16.2	389,570	19.4	51,978	13.5	1,225,618	17.4	105,131	10.9
	飲食物	55,471	24.1	23,017	15.3	189,438	9.8	24,709	6.5	228,797	11.4	29,834	7.7	406,172	5.8	34,773	3.6
	雑	17,982	7.8	16,480	10.9	122,490	6.4	33,806	8.9	177,245	8.8	51,488	13.3	300,198	4.3	63,316	6.6
	計	230,279	100.0	150,668	100.0	1,924,711	100.0	380,954	100.0	2,012,651	100.0	386,390	100.0	7,050,441	100.0	961,787	100.0
京浜	染織	34,612	29.3	44,044	44.9	261,862	23.5	78,951	32.9	187,252	14.0	58,441	25	256,250	3	70,691	7
	機械器具	13,293	11.2	14,711	15.0	237,017	21.2	65,748	27.4	265,013	19.7	63,608	27.2	2,834,700	37.3	531,806	55.5
	金属	5,150	4.4	5,836	6.0	109,992	9.9	21,385	8.9	208,303	15.5	24,993	10.7	2,255,630	29.7	157,097	16.4
	化学	26,497	22.4	9,534	9.7	219,154	19.6	30,634	12.8	293,237	21.9	31,239	13.4	1,456,765	19.2	100,809	10.5
	飲食物	22,139	18.7	6,063	6.2	149,925	13.4	10,603	4.4	238,155	17.7	13,799	5.9	453,811	6.0	25,823	2.7
	雑	16,536	14.0	17,821	18.2	137,578	12.3	32,367	13.5	149,909	11.2	41,644	17.8	347,615	4.6	71,478	7.5
	計	118,227	100.0	98,009	100.0	1,115,528	100.0	239,688	100.0	1,341,869	100.0	233,724	100.0	7,604,771	100.0	957,704	100.0
中京	染織	35,231	64.2	49,766	73.3	362,265	74.0	93,671	71.1	385,413	67.1	107,598	68.0	634,869	31.8	124,687	31.4
	機械器具	1,987	3.6	2,531	3.7	24,635	5.0	8,680	6.6	42,283	7.4	13,494	8.5	690,189	34.6	175,285	44.2
	金属	333	0.6	525	0.8	4,792	1.0	2,095	1.6	7,177	1.3	2,789	1.8	181,878	9.1	24,118	6.1
	化学	6,355	11.6	7,311	10.8	35,537	7.3	14,627	11.1	41,794	7.3	15,877	10.0	208,119	10.4	37,556	9.5
	飲食物	7,963	14.5	4,432	6.5	43,812	9.0	4,814	3.7	57,056	9.9	6,483	4.1	132,674	6.6	10,756	2.7
	雑	2,970	5.4	3,339	4.9	18,417	3.8	7,903	6.0	40,317	7.0	12,003	7.6	148,861	7.5	24,577	6.2
	計	54,839	100.0	67,904	100.0	489,458	100.0	131,790	100.0	574,040	100.0	158,244	100.0	1,996,590	100.0	396,979	100.0
全国	染織	393,623	50.1	486,508	61.1	3,368,243	49.8	894,617	55.7	2,997,827	40.4	997,690	54.9	4,426,490	14.9	1,067,283	24.3
	機械器具	43,129	5.5	46,834	5.9	674,880	10.0	197,770	12.3	682,162	9.2	190,154	10.5	6,614,008	22.3	1,520,746	34.7
	金属	22,645	2.9	16,987	2.1	554,576	8.2	76,129	4.7	689,505	9.3	90,939	5.0	8,891,757	30.0	662,444	15.1
	化学	115,326	14.7	77,883	9.8	968,050	14.3	189,482	11.8	1,297,410	17.5	192,367	10.6	5,854,431	19.7	541,737	12.4
	飲食物	147,260	18.7	88,740	11.1	740,673	10.9	104,772	6.5	1,124,204	15.2	142,998	7.9	2,294,097	7.7	230,327	5.3
	雑	63,991	8.1	79,773	10.0	458,962	6.8	142,972	8.9	624,083	8.4	202,836	11.2	1,572,511	5.3	361,531	8.2
	計	785,974	100.0	796,725	100.0	6,765,384	100.0	1,605,742	100.0	7,415,191	100.0	1,816,984	100.0	29,653,294	100.0	4,384,068	100.0

[出所] 農商務省・商工省編『工場統計表』『工業統計表』各年版。

(注) (1) 1909年の金属は金属精錬を含まない。
(2) 阪神は大阪府と兵庫県、京浜は東京府と神奈川県、中京は愛知県の数値。

表3-2 大阪府における公立工業学校・職工学校の設置状況

創立年次	創 立 時 校 名	設 置 学 科	甲・乙別	備 考
1908	市立大阪工業学校	機械・建築・分析（応用化学）＋電気・土木	甲種	1920年に大阪市立工業学校と改称、26年に土木科を新設。23年に応用化学科、41年に大阪府立都島工業学校と改称。20年に電気科、22年に高圧電気科を大阪府立泉尾工業に移管。
1908	大阪府立職工学校	木型・鋳工・仕上・造家（建築）・家具	乙種→甲種	1916年に大阪府立西野田職工学校、41年に大阪府立西野田工業学校と改称。22年に高級科を新設して甲種の実業学校となる。
1908	大阪府立職工学校附属職工業補習夜学校		夜間	1917年に大阪府立西野田工業補習学校、23年に西野田高等補習学校、35年廃校。
1909	市立大阪工業学校附属工業補習夜学校		夜間	20年に大阪市工業補習学校、24年に大阪市工業専修学校、26年に大阪市立都島工業専修学校と改称。35年に廃止。
1913	夜間工業補習学校（今宮）		夜間	1923年に大阪市立今宮高等補習学校と改称。35年に廃校。
1914	大阪府立職工学校今宮分校	鋳工・仕上・造家・電機・印刷・木型・鍛工・精密機械科	乙種→甲種	1916年に大阪府立今宮職工学校、41年に大阪府立今宮工業学校と改称。18年に木型、鍛工の2科、25年に精密機械科新設。22年に高級科を新設して、甲種の実業学校となる。
1917				1938年に廃止。
1919	大阪市立大阪実業学校	工業本科・商業本科	乙種	設立当初は2年制、22年度から3年制になる。同年に大阪市立今宮工業学校に移管される。
1922	大阪府立泉尾実業学校	紡織・電機・色染・窯業＋応用化学・化学機械		23年に大阪府立泉尾工業学校と改称。
1923	大阪府立工芸学校	金属工芸・木材工芸・図案工芸＋建築・金属工業	甲種	1944年に工芸図案科を廃し、建築科設置、金属工芸科を金属工業に。
1925	大阪府立佐野実修工業学校	機械・繊維工業・機械	乙種→甲種	1936年に高級科を新設して甲種の実業学校となる。41年に大阪府立佐野工業学校と改称。
1926	大阪市立泉尾第一工業学校	化学工業・電気	夜間	1935年に廃止。
1929	大阪市立城東職工学校	機械・電気・土木	乙種→甲種	1938年に高級科を新設して甲種の実業学校となる。41年に大阪府立城東工業学校と改称。
1935	大阪市立都島第二工業学校	化学工業・繊維工業（本科）・機械（専修科）	夜間	37年に甲種程度の修業年限は4年制となり、機械科は乙種程度の3年制。
1935	大阪市立泉尾第二工業学校	化学工業・金属工業・化学機械＋電気化学工業・燃料	乙種→甲種	1937年に高級科を新設して甲種の実業学校となる。41年に大阪府立堺工業学校と改称。40年に電気化学工業科、43年に燃料科新設。
1936	大阪府立第五工業学校	工作機械・原動機械・電気機械	甲種	41年に大阪府立淀川工業学校と改称。
1937	大阪府立第六工業学校	機械・電機・建築	夜間	1941年に大阪府立今第二工業学校と改称。
1938	大阪府立今宮夜間職工学校	航空機関・航空機体・精密機械	甲種	1945年に大阪府立布施工業学校と改称。
1939	大阪府立航空工業学校	機械	乙種	1941年に4年制となり、夜間部設置。
1940	大阪市立西第六工業学校	機械・電気・応用化学	甲種	1945年6月、空襲によって校舎全焼。1946年4月に応用化学科は市立泉尾工業学校に、47年4月に機械科・電気科は市立都島工業学校に合併される。創立以来の卒業者総数395名。
1940	大阪市立西野工業学校	機械・電気・木工		
1940	大阪市立難波工業学校	機械・電気・木工	乙種	第二本科併設、空襲により1945年6月第二本科廃止、46年4月第一本科廃止。第一・第二本科の電気科は市立都島工業学校に、機械科は市立生野工業学校に吸収される。大阪市立西第二工業学校は市立都島工業学校に併置。
1940	大阪市立西第二工業学校	機械・電気・応用化学	夜間	
1942	大阪府立堺第二工業学校	化学工業、金属工業、化学機械	夜間	1942年3月に各種学校より変更。

〔出所〕沢井実「戦前・戦中期大阪の工業学校」（『大阪大学経済学』第56巻第4号、2007年3月）2頁〔一部訂正〕。

表3-3　1930年代前半の工業各種学校

(人)

学校名	所在地	代表者	設立年	分科	修業年限	入学資格	授業料	31年度 生徒数	31年度 前年度大学者数	31年度 前年度中退者数	31年度 前年度卒業者数	31年度 教員数	32年度 生徒数	32年度 前年度大学者数	32年度 前年度中退者数	32年度 前年度卒業者数	32年度 教員数	33年度 生徒数	33年度 前年度大学者数	33年度 前年度中退者数	33年度 前年度卒業者数	33年度 教員数	34年度 生徒数	34年度 前年度大学者数	34年度 前年度中退者数	34年度 前年度卒業者数	34年度 教員数
住友私立職工養成所	港区鶴町1丁目23	尾形 作吉	1916	機械科(仕上・木型・旋工・図工・鍛工・鋳工)	3年	尋小卒		295	120	15	73	14	270	83	17	94	14	258	82	12	101	13	285	100	7	76	13
電気工士養成所	西淀川区大仁木町2丁目9	小倉 公平	1925	電気工学	9月	高小卒	年30円	65	151	9	127	12	79	103	12	45	13	83	101	11	80	10	81	108	17	84	36
大阪工科学校	此花区下福島1丁目11	中村 正義	1916	電気・機械・土木・建築・工業・化学・子科	3年	高小卒	月3.5円 月3円	194	276	228	65	18	189	303	178	47	13	241	240	199	48	14	167 320 487	314 314	205 205	63 63	25
大阪工業専修学校・中等部	此花区大開町2丁目	堤 正義 齋藤 大吉	1917	機械 電気 応用化学 計	2年	高小卒	年33円	280 294 58 632	220 228 42 490	145 164 35 344	63 77 20 160	22	521	459	296	160	23	671	386	249	148	25	916	390	320	126	26
大阪工業専修学校・高等部	北区東野田町9丁目 大阪工業大学内	堤 正義	1916	機械・電気・応用化学・金属工学・紡織	2年	中卒	月4円	850	916	324	2,815	35	800	624	293	227	36	790	547	312	237	32	913	707	103		34
関西工科学校	東淀川区南方町 北区樋之口町	大井 清一	1922	本科(土木・建築・電気) 予科(土木・建築・電気)	1年6月 2年	中卒 尋小卒	昼予・4円 昼本・4.5円 夜予・3円 夜本・4円	2,294	918	697	419	6	1,591	992	867	434	75						1,371	699	361		86
関西高等工学校	東淀川区南方町	大井 清一	1927	土木工科・建築学科	3年	中卒	月5.5円	430	205	59	81	35	438	203	100	83	33	334	194	9	79	37					
関西商工学校	西淀川区大仁木町1丁目	平賀 義美	1902	予科 本科	1年 2年	高小卒 高小卒	年33円 年38.5円	934	592	295	317	46	1,017	615	350	*	40	980	556	447	196	52					
大阪商工学校	北区中野町2丁目	有元 史郎	1926	工学部・商学部	3年	尋小卒	予科36円 本科48円																				
大阪自動車学校	港区市岡元町4丁目	鈴木 靖三	1918	専科 研究科	2月 1月	尋小卒 尋小卒	月3円 月3円	285	140	43		11	167	109	42	67	12	60	45	30	36	10					
大阪製図学館	北区川崎町41	福田萬亀雄	1898	計	2年6月	尋小卒	年33円	77 323	45	5 11	318	9	46 334	66	16	327	6	54 287	40	5 15	282	6	64 234	48	4 18	230	6
帝国時計学校	天王寺区上木町8丁目60	金田 龍三	1928		2年	高小卒	年60円	56	45	11	22	1	60	66	16	22	2	60	40	15	18	2	60	48	18	19	2
大阪鉄道学校	天王寺区下寺町2丁目	大路 環 瀬島原三郎	1928	予科 本科	3月 3年	尋小卒 尋小卒	月3円 月3円 月48円	20	25	5	20	3	20	25	5	15	4						20	20		20	4
大阪電気学校	港区西田中町5丁目54	山崎 猛一	1932	電気科	3年	尋小卒	月4.5円	690	239		80	58	973	306	219	259	51	975	370	162	261	45	804	354	114	239	42
大阪工手学校	東淀川区十三西之町3	大橋助太郎	1933	予科・本科	1~2年	尋小卒	月4円						60				2	65	15	2		5	114	64	4	11	4
合同自動車学校	此花区江成町169	高橋 群三	1933		3月	尋小卒	年15~60円						20					13				3					
大阪青年会無線電機学校	西区土佐堀通2丁目	桑田 敬治	1934		1年	中卒	月5円											51				13	53	184		184	11
大阪工業専修学校高等部																							30				5

[出所] 大阪市役所教育部編『大阪市学事統計』各年版。
(注) (1) ＊印は修業年限延長のため卒業者を出さなかったことを示す。
　　 (2) 1934年度の大阪工科学校は、上段：昼間部、中段：夜間部、下段：計。
　　 (3) 分科・修業年限・入学資格・授業料は、1931～34年度のうち資料初出時のもの。
　　 (4) 大阪工業専修学校高等部の1930年度卒業生は「2815」名となっているが、資料のままとした。

表 3-4 戦前期大阪における企業家のフィランソロピー（社会貢献活動）

番号	企業家	生年	没年	出身地	役職等	年	事項
1	住友吉左衛門（第15代）	1865	1926	京都	住友財閥当主	1900	大阪府立図書館（1904年開館）建築費20万円・同図書購入基金5万円寄付。
2	藤田傳三郎	1841	1912	長州萩	藤田財閥創始者	1906	大阪府藤田総恵救済基金8万円寄付。
3	大倉喜八郎	1837	1928	越後新発田	大倉財閥創始者	1907	大倉商業学校（現関西大倉学園）設立。
4	岩本栄之助	1877	1916	大阪市	証券業者	1911	大阪市立中央公会堂（1918年竣工）建設資金100万円寄付。
5	新田長次郎	1857	1936	伊予温泉郡	新田帯革製造所（現ニッタ）創立者	1911	貧困子弟のために大阪難波近くに私立有隣尋常小学校を設立。1922年大阪市に寄贈。
6	竹尾治右衛門（第11代）	1879	1931	?	家業は呉服問屋、大日本紡績（現ユニチカ）、日本綿花（現双日）などの重役を歴任	1915	先代治右衛門の遺志を継ぎ、50万円の寄付により府立大阪医科大学に竹尾結核研究所を設置。同研究所は1931年大阪帝国大学創立後、34年に設置された同大微生物病研究所に吸収。
7	住友吉左衛門（第15代）	前掲	前掲	前掲	前掲	1915	寄付金100万円により住友私立職工業学校設立。
8	塩見政次	1878	1916	岡山県久米郡	大阪亜鉛鉱業専務取締役	1916	100万円を府立大阪医科大学に寄付して塩見理化学研究所が塩見政次の没後に設立。大阪帝国大学理学部の母体となる。
9	林蝶子	1873	1945	大阪市	林汽船	1918	亡夫伝三郎の遺志を受けて100万円を大阪外国語学校（1922年開校、大阪外国語大学の前身）設立資金として国に寄付。
10	山口玄洞	1863	1937	備後尾道	洋反物商（現山口玄）	1918	寄付金100万円により貧窮患者救済のため山口厚生病院を設立、大阪府に寄付。1922年開院後の管理は府立大阪医科大学に委託。1935年大阪帝国大学に移管。
11	大原孫三郎	1880	1943	岡山県倉敷	倉敷紡績・倉敷銀行（現中国銀行）などを所有・経営	1918	大阪市天王寺に貧民救済のため石井（十次、大原が薫陶を受けた人物）記念愛染院を開設。
12	大原孫三郎	同上	同上	同上	同上	1919	大阪市に大原社会問題研究所設立。
13	林蝶子・鴻池善右衛門（第10代）	前掲 1841	前掲 1920	前掲 大阪	前掲、鴻池銀行（三和銀行の一母体）オーナー	1919	1919年に林蝶子が1万円、鴻池善右衛門が5,000円をそれぞれ寄付し、初の無料産院、大阪扇町本庄産院が設立。
14	鳥井信治郎	1879	1962	大阪	壽屋（サントリー）創立者	1920	無料診療と施薬を行う今宮診療所を設立。
15	原田二郎	1849	1930	伊勢松坂	鴻池家元雇用経営者	1920	原田積善会を設立、帝国学士院、恩賜財団慶福会、困窮財団慶福会、神社仏閣の救済、神社仏閣の維持のため1,020万円を寄付。
16	野村徳七（第2代）	1878	1945	大阪市	野村証券、大和銀行（現りそな銀行）創立者	1920	野村奨学部基金50万円設立。当時の50-60の育英会中、最大の基金。返還義務、男女差別はなかった。
17	林蝶子	前掲	前掲	前掲	前掲	1921	寄付金3万円により天王寺産院開設。
18	住友吉左衛門（第15代）	前掲	前掲	前掲	前掲	1921	天王寺区茶臼山の慶沢園を含む邸宅敷地を美術館用地として大阪市に寄付。また大阪住友病院開設。
19	新田長次郎	前掲	前掲	前掲	前掲	1923	郷里の愛媛県松山市に松山高等商業学校（現松山大学）の創立・経営費用を負担。
20	中山太一	1881	1956	山口県豊浦郡	中山太陽堂（現クラブコスメチックス）創立者	1923	中山文化研究所設立。
21	日本生命				生命保険会社	1924	日本生命済生会設立。実務責任者小河滋次郎、医療指導者楠木長三郎（大阪医科大学長）のもとで無料健康相談、貧困者無料診察、巡回医療、災害救護に従事。
22	田附政次郎	1863	1933	近江愛知郡	綿糸商	1925	京都帝国大学医学部への寄付金50万円により設立された財団法人田附興風会の嘱旨を受けて、大阪市北区に北野病院設立。
23	野村徳七（第2代）	前掲	前掲	前掲	前掲	1927	大阪商科大学（現大阪市立大学）経済研究所設立（1928年）のために100万円を寄付。
24	谷口房蔵	1861	1929	大阪府日根郡	大阪合同紡績（現東洋紡績）創立者	1929	遺産100万円により合口工業奨励会（谷口財団）設立。
25	山口玄洞	前掲	前掲	前掲	前掲	1934	寄付金20万円を基礎として大阪帝国大学微生物病研究所が設立。
26	伊藤萬助（第2代）	1879	1963	大阪市	洋反物商（伊藤萬）	1936	合成繊維製造の研究のため30万円で財団法人日本化学繊維研究所の設立を支援。
27	伊藤忠兵衛（第2代）	1886	1973	滋賀県犬上郡	伊藤忠商事・呉羽紡績（現東洋紡績）創立者	1938	産業科学研究協会（募金400万円）による大阪帝国大学産業科学研究所の設立を支援。

[出所] 大津寄勝典『大原孫三郎の経営展開と社会貢献』（日本図書センター、2004年）、宮本又次『大阪文化史論』（文献出版、1979年）、宮本又次『大阪経済人と文化』（1983年、実教出版）、大阪大学五十年史編集実行委員会編『大阪大学五十年史 通史』（1985年）、大阪外国語大学70年史編集委員会編『大阪外国語大学70年史』（1992年）、阿部武司『近代大阪経済史』（大阪大学出版会、2006年）。

[注] 他府県を事業活動の拠点とする企業家の社会貢献は含むが、大阪で活躍した企業家の他府県における社会貢献活動は除く。本表の作成にあたり佐藤英達愛知産業大学教授から貴重な助言をいただいた。記して厚く御礼申し上げる。（阿部武司作成）

表4-1 大阪市工場従業者数・生産額（1925年末・25年）

産業別	工場数				職工			技術者数	事務員数	従業者家族人数			その他			生産額（千円）
	有動力	無動力			男	女	計			従業	業家					
		職工10人以上	職工5人以上	職工5人未満						男	女	計	男	女	計	
染織	1,084	24	74	1,505	19,449	40,076	59,525	991	1,365	2,474	831	3,305	1,819	461	2,280	278,504
機械器具	2,398	32	120	2,867	42,643	3,434	46,077	2,256	2,763	4,874	271	5,145	1,459	155	1,614	219,969
化学	681	94	75	581	18,410	5,826	24,236	1,086	1,506	1,094	244	1,338	797	154	951	175,772
飲食品	2,542	14	71	961	5,547	1,275	6,822	159	364	3,836	960	4,796	806	72	878	80,196
雑種	1,869	63	218	7,821	21,956	6,399	28,355	957	1,604	10,217	1,477	11,694	1,298	147	1,445	127,372
特殊	31	1		3	1,652	47	1,699	178	98	12	1	13	55	9	64	29,385
合計	8,605	228	558	13,738	109,657	57,057	166,714	5,627	7,700	22,507	3,784	26,291	6,234	998	7,232	911,198

〔出所〕大阪市役所編『大阪市統計書』第25回、昭和元年版、1927年、8-6〜8-9頁。

参考文献

Ⅰ・Ⅱ

阿部武司『近代大阪経済史』大阪大学出版会、2006年。

石井寛治「百三十銀行と松本重太郎」(東京大学『経済学論集』第63巻第4号、1998年1月。石井寛治『近代日本金融史序説』東京大学出版会、1999年、に再録)。

梅村又次・中村隆英編『松方財政と殖産興業政策』国際連合大学・東京大学出版会、1982年。

鎌谷親善『日本近代化学工業の成立』朝倉書店、1989年。

作道洋太郎編『住友財閥』日本経済新聞社、1982年。

作道洋太郎「藤田財閥の形成と発展」(同『関西企業経営史の研究』御茶の水書房、1997年)。

佐藤英達『藤田組の経営者群像』中部日本教育文化会、2008年。

芝哲夫『オランダ人の見た幕末・明治の日本』菜根出版、1993年。

瀬岡誠『近代住友の経営理念』有斐閣、1998年。

畠山秀樹『住友財閥成立史の研究』同文舘、1988年。

藤田貞一郎『近代日本同業組合史論』清文堂出版、1995年。

宮本又郎『近世日本の市場経済―大坂米市場分析』有斐閣、1988年。

宮本又郎・上村雅洋「徳川経済の循環構造」(『日本経済史　1　経済社会の成立』岩波書店、1988年)。

宮本又郎『日本の近代　11　企業家たちの挑戦』中央公論新社、1999年。

宮本又郎『日本企業経営史研究―人と制度と戦略と』有斐閣、2010年。

宮本又次『大阪』至文堂、1957年。

宮本又次『日本ギルドの解放―明治維新と株仲間』有斐閣、1957年。

宮本又次『鴻池善右衛門』吉川弘文館、1958年。

宮本又次『五代友厚伝』有斐閣、1981年。

安岡重明『日本封建経済政策史論』有斐閣、1959年(増補版、晃洋書房、1985年)。

安岡重明『財閥経営の歴史的研究』岩波書店、1998年。

山本一雄『住友財閥本社経営史』上・下(京都大学学術出版会、2010年)。

Ⅲ・Ⅳ

阿部武司『近代大阪経済史』大阪大学出版会、2006年。

石井寛治「国内市場の形成と展開」(山口和雄・石井寛治編『近代日本の商品流通』東京大学出版会、1986年)。

井上好一『技術者ノタメノ科学的管理』大阪能率協会、1927年。

宇田正・浅香勝輔・武知京三編『民鉄経営の歴史と文化　西日本編』古今書院、1995年。

(株)クラブコスメチックス編『クラブコスメチックス80年史』1983年。

梶原仲治「予が観たる大阪人」(荒川清澄編『関西之実業』小谷書店、1907年)。

作道洋太郎『関西企業経営史の研究』御茶の水書房、1997年。

沢井実「1910年代における輸出雑貨工業の展開―ブラシ・貝ボタン・琺瑯鉄器」(北星学園大学経済学部『北星論集』第24号、1987年3月)。

沢井実「中小機械工業の展開と技術教育・公設試験研究機関・機械商・機械工具商街の役割―戦間期大阪の事例」(『大阪大学経済学』第49巻第2号、2000年1月)。

沢井実「ある能率技師の戦前・戦中・戦後―園田理一の活動を中心に」(『大阪大学経済学』第49巻第3・4号、2000年3月)。

沢井実「戦前期大阪経済の発展」(21世紀の関西を考える会編『20世紀の関西―歴史から学び将来を展望する』2000年。

沢井実「戦時下における工場集積地の形成―大阪府布施市高井田地区の事例」(『大阪大学経済学』第52巻第2号、2002年9月)。

沢井実「戦前・戦中期大阪の工業学校」(『大阪大学経済学』第56巻第4号、2007年3月)。

沢井実「戦間期の大阪市立工業研究所」(『大阪大学経済学』第58巻第2号、2008年9月)。
芝哲夫「塩見理化学研究所小史」(『大阪大学史紀要』第3号、1983年11月)。
杉原薫・玉井金五編『大正・大阪・スラム』新評論、増補版、1996年。
首藤文雄編『大阪案内』日本電報通信社大阪支局、1909年。
竹内常善「我国における問屋制解体の一断面」(福島大学『商学論集』第43巻第4号、1975年3月)。
竹内常善・阿部武司・沢井実編『近代日本における企業家の諸系譜』(大阪大学出版会、1996年)。
日本放送協会編『日本放送史』上巻、日本放送出版協会、1965年。
野々村純平編『日本琺瑯工業史』日本琺瑯工業連合会、1965年。
宮本又郎「商都の成り立ち」(橋爪紳也監修・創元社編集部編『大阪の教科書』創元社、2009年)。
平本厚「日本におけるラジオ工業の形成」(『社会経済史学』第66巻第1号、2000年5月)。
平本厚「ラジオ産業における大量生産・販売システムの形成」(『経営史学』第40巻第4号、2006年3月)。
廣田誠『近代日本の日用品小売市場』清文堂出版、2007年。
フリーダ・アトリー(石坂昭雄・西川博史・沢井実共訳)『日本の粘土の足』日本経済評論社、1998年。

著者紹介

阿部 武司（あべ たけし）

- 1952年　東京都に生まれる
- 1982年　東京大学大学院博士課程　修了
- 現　職　大阪大学大学院経済学研究科　教授
- 専　門　近代日本経済史・経営史

沢井 実（さわい みのる）

- 1953年　和歌山県に生まれる
- 1983年　東京大学大学院博士課程　修了
- 現　職　大阪大学大学院経済学研究科　教授
- 専　門　近代日本経済史・経営史

大阪大学総合学術博物館叢書　6

東洋のマンチェスターから「大大阪」へ
経済でたどる近代大阪のあゆみ

| 2010年11月5日　初版第1刷発行 | ［検印廃止］ |

- 監　修　大阪大学総合学術博物館
- 著　者　阿部武司・沢井　実
- 発行所　大阪大学出版会
  　　　　代表者　鷲田清一

〒565-0871　吹田市山田丘2-7
　　　　　　大阪大学ウエストフロント
電話　06-6877-1614
FAX　06-6877-1617
URL：http://www.osaka-up.or.jp

印刷所：㈱遊文舎

Ⓒ The Museum of Osaka University 2010　Printed in Japan
ISBN 978-4-87259-216-0　C1321

Ⓡ〈日本複写権センター委託出版物〉
本書を無断で複写複製（コピー）することは、著作権法上の例外を除き、禁じられています．本書をコピーされる場合は、事前に日本複写権センター（JRRC）の許諾を受けてください．
JRRC〈http://www.jrrc.or.jp　eメール：info@jrrc.or.jp　電話：03-3401-2382〉

大阪大学総合学術博物館叢書について

大阪大学総合学術博物館は、二〇〇二年に設立されました。設置目的のひとつに、学内各部局に収集・保管されている標本資料類の一元的な保管整理と、その再活用が挙げられています。本叢書は、その目的にそって、データベース化や整理、再活用をすすめた学内標本資料類の公開と、それに基づく学内外の研究者の研究成果の公表のために刊行するものです。本叢書の出版が、阪大所蔵資料の学術的価値の向上に寄与することを願っています。

大阪大学総合学術博物館

大阪大学総合学術博物館叢書・既刊 〔A4判 1〜3 定価二一〇〇円 4・5 定価二五二〇円〕

◆1 扇のなかの中世都市—光円寺所蔵「月次風俗図扇面流し屏風」 泉 万里

◆2 武家屋敷の春と秋—萬徳寺所蔵「武家邸内図屏風」 泉 万里

◆3 城下町大坂—絵図・地図からみた武士の姿—鳴海邦匡・大澤研一・小林茂 編集

◆4 映画「大大阪観光」の世界—昭和12年のモダン都市—橋爪節也

◆5 巨大絶滅動物 マチカネワニ化石 恐竜時代を生き延びた日本のワニたち 小林快次・江口太郎